Demnächst erscheint:

Das Strafgesetzbuch

für den

Norddeutschen Bund.

Erläutert

von

Hans Rüdorff,

Kreisrichter und Schriftführer der Bundeskommission.

gr. 8. Etwa 20 Bogen. Preis ca. 1 Thlr.

Der Herr Verfasser des vorstehenden Kommentars ist bei der Ausarbeitung dieses wichtigen Gesetzes von Beginn an thätig gewesen. Die sämmtlichen Materialien standen ihm zu Gebote. — Dem Werke ist eine historisch-kritische Einleitung beigegeben und der Preis so billig gehalten, daß vorzugsweise dieser Kommentar sich einer günstigen Aufnahme bei allen Juristen erfreuen wird.

Verlag von J. **Guttentag** in Berlin.

Strafgesetzbuch

für den

Norddeutschen Bund.

(Gegeben Schloß Babelsberg, den 31. Mai 1870.)

Text-Ausgabe mit Anmerkungen

von

H. Rüdorff,
Kreisrichter und Schriftführer der Bundes-Commission.

Berlin,
Verlag von J. Guttentag.
1870.

Inhalt.

Abkürzungen.

A. = Absatz.
B. G. B. = Bundesgesetzblatt.
B. V. = Verfassung für den Norddeutschen Bund.
E. G. = Einführungsgesetz z. Norddeutsch. St. G. B. v. 31. Mai 1870.
Pr. G. S. = Preußische Gesetzsammlung.
Pr. St. G. B. = Preußisches Strafgesetzbuch vom 14. April 1851 nach der amtlichen Ausgabe von 1859.
St. B. = Stenographische Berichte des Norddeutschen Reichstages.

Notizen

über die

Entstehung des Norddeutschen Strafgesetzbuchs.

Auf Grund des Art. 4 der B. V.

„Der Beaufsichtigung Seitens des Bundes und der Gesetzgebung desselben unterliegen die nachstehenden Angelegenheiten:

3) die gemeinsame Gesetzgebung über das . . . Strafrecht . . . . und das gerichtliche Verfahren."

stellten die Abgeordneten Wagner (Altenburg) und Planck in der Sitzung des Reichstags vom 30. März 1868 den Antrag:

„den Bundeskanzler aufzufordern, Entwürfe eines gemeinsamen Strafrechtes und eines gemeinsamen Strafprozesses, sowie der dadurch bedingten Vorschriften der Gerichtsorganisation baldthunlichst vorbereiten und dem Reichstage vorlegen zu lassen."

(St. B. S. 27, 28, Drucks. Nr. 24).

Der Antrag wurde in Schlußberathung — Ref. v. Bernuth, Corref. Becker (Oldenburg) — am 18. April 1868 mit großer Majorität angenommen. (St. B. S. 124—129.)

Der Bundesrath schloß sich am 5. Juni dem Antrage an und der Bundeskanzler ersuchte durch Schreiben vom 17. Juni den Preuß. Justizminister Dr. Leonhardt um Ausarbeitung des Entwurfs eines Strafgesetzbuchs. Der Justizminister beauftragte den Geh. O.- Just.-R. (jetzt Präsident der Just.- Prüf.-Komm.) Dr. Friedberg mit dieser Ausarbeitung.

Mittels Schreibens des Justizministers vom 31. Juli 1869 wurde der „Entwurf eines Strafgesetzbuchs für den

Norddeutschen Bund" (enth. 356 Paragr.) nebst dem Entw. eines Einf. Ges. mit Motiven und 4 Anlagen (Zusammenstellung strafrechtl. Bestimmungen, Todesstrafe, gerichtl.-mediz. Fragen, Zuchthausstrafe) dem Bundeskanzler überreicht und gleichzeitig veröffentlicht. (Berlin, bei Decker. 6 Bände in Fol.)

Bereits am 3. Juli 1869 hatte der Bundesrath zur Begutachtung und Vorberathung des Entwurfs eine aus 7 Mitgliedern bestehende Kommission erwählt. Diese Kommission: Justizm. Dr. Leonhardt (Vors.), Gen. St. Anw. Dr. Schwarze (stellv. Vors.), G. O. J. R. Dr. Friedberg (Referent), App. G. R. Bürgers, Justizrath Dorn, O. App. G. R. Dr. Budde, Senator Dr. Donandt, — Schriftführer: Ger. Ass. Dr. Rubo und Kreisrichter Rüdorff — trat am 1. October 1869 im Bundeskanzleramt zu Berlin zusammen.

Die Berathung erfolgte unter dem ständigen Vorsitze des Justizministers in 3 Lesungen, welche — außer den Redaktionssitzungen — 43 Sitzungen in Anspruch nahmen und wurde am 31. Decbr. 1869 beendet. Am selbigen Tage wurde der gedruckte Entwurf (enth. 366 Paragr.) nebst Einf.-Gesetz dem Bundeskanzler überreicht. Der Entwurf ist zwar nicht veröffentlicht, jedoch allen denjenigen, welche ihr Interesse durch Einreichung von Gutachten bethätigt hatten, vom Bundeskanzler zugesandt.

Der Bundesrath nahm in den Sitzungen vom 4. und 11. Februar 1870 den Kommissionsentwurf mit wenigen Abänderungen (Vgl. §§. 31., 209. jenes Entwurfes und §§ 31., 209. der Vorlage, sowie das Einf.-Ges.) an.

Dem Reichstage ging der Entwurf bereits an seinem

Eröffnungstage dem 14. Februar 1870 zu. Dem Entwurfe waren Motive, sowie die 4 Anlagen des Entwurfs vom Juli 1869 beigegeben. (Drucks. Nr. 5 des Reichstags nebst Anlagen.) Die Motive sind im Wesentlichen eine Wiederholung der zu dem ersten Entwurfe ausgearbeiteten Motive und enthalten nur insoweit Modifikationen, als die in der Bundeskommission und im Bundesrathe beschlossenen Abänderungen des Entwurfs solche erheischten. Diese Umarbeitung wurde im Januar 1870 durch den Präsidenten Dr. Friedberg und den Generalstaatsanwalt Dr. Schwarze, unter Zuziehung der Schriftführer der Bundeskommission, bewirkt.

Bei den Berathungen des Reichstages wurde der Entwurf durch den Justizminister Dr. Leonhardt als Bevollmächtigten zum Bundesrathe und durch den Präsidenten Dr. Friedberg als besonders bestellten Bundeskommissar vertreten.

Die erste Lesung fand Statt am 22. Februar. Es wurde beschlossen den Ersten Theil und Abschn. 1—7 des Zweiten Theils durch Plenarberathung zu erledigen, die übrigen Abschnitte 8—29 einer Kommission von 21 Mitgliedern zu überweisen. (St. B. S. 41—54.) Zu Mitgliedern dieser Kommission wurden erwählt: Dr. Schwarze (Vors.), v. Bernuth (stellv. Vors.), Hosius (Schriftf.), Graf Kleist (stellv. Schriftf.), Dr. Aegidi, Graf Bassewitz, v. Brauchitsch (Genthin), v. Einsiedel, Dr. Endemann, Evelt, Eysoldt, Genast, Frhr. v. Hoverbeck, v. Kirchmann, Koch, von Levetzow, von Luck, zur Megede, Dr. Meyer (Thorn), Tobias, Dr. Wagner (Altenburg). Den Sitzungen der Kommission wohnten außerdem ständig der Präsident des Reichstages Dr. Simson und der Präsident Dr. Friedberg als Vertreter des Bundesraths bei. Die Kommission hat einen schriftlichen Bericht nicht erstattet; die von derselben beschlossenen Abänderungsvorschläge vgl. in den Drucks. Nr. 85, 92, 105. —

Die zweite Lesung fand Statt in den Sitzungen vom Febr. 28. (St. B. S. 95); März: 1 (Abschaffung der Todesstrafe mit 118 gegen 81 St. beschlossen, — (St. B. S. 136). 2. 4. 5. 8. 9. 10. 15. 16. 17. 18. 19. 21. 23; April: 2. 4. 5. 7. 8; — zusammen 20 Sitzungen.

Nach erfolgter Zusammenstellung der in der 2. Lesung gefaßten Beschlüsse (Drucks. Nr. 132) erklärte sich in der Sitzung vom 21. Mai (St. B. S. 1091) der Justizminister Dr. Leonhardt Namens des Bundesraths über die Annehmbarkeit derselben, wobei namentlich die Beibehaltung der Todesstrafe im Strafensystem als Bedingung der Annahme des Entwurfs aufgestellt wurde.

Die dritte Lesung fand Statt in den Sitzungen vom Mai: 23 (Antrag v. Luck, betreffend Beibehaltung der Todesstrafe mit 127 gegen 119 Stimmen angenommen, — St. B. S. 1140). 24. und 25. Mai, an welchem letzteren Tage das Gesetz (Drucks. Nr. 212) ohne namentliche Abstimmung mit „sehr großer Majorität“ angenommen wurde. (St. B. S. 1187.)

Der aus der 3. Lesung hervorgegangene Entwurf wurde vom Bundesrath in der Sitzung vom 25. Mai 1870 mit Einstimmigkeit genehmigt.

Uebersicht

der

Paragraphen des bisherigen Preußischen Strafgesetzbuchs und der entsprechenden Paragraphen des Norddeutschen Strafgesetzbuchs.

Die mit * bezeichneten Paragraphen fehlen im Nordd. Strafgesetzbuch.

Preuß. St.-G.-B.	Nordd. St.-G.-B.	Preuß. St.-G.-B.	Nordd. St.-G.-B.
§§	§§	§§	§§
1	1	20	30, 42
2	2	21	32—36
3	3	22	34
4	4, 5, 6	23*	
5	10	24	37
6*		25	35
7	13	26	38
8*		27	39 No. 1 u. 3
9*		28*	
10	14	29	39 No. 2
11	15	30*	
12	31—36	31	43, 46
13	17	32	44
14	16	33	43 A. 2
15	19	34 }	48, 49
16	21	35 }	
17	27, 28, 29	36	111
18*		37	257 A. 1 u. 2
19	40, 41	38	257 A. 3

Preuß. St.-G.-B.	Nordd. St.-G.-B.	Preuß. St.-G.-B.	Nordd. St.-G.-B.
§§	§§	§§	§§
39	139	72*	
40	51, 52	73	93
41	53	74	94
42	56	75	95
43	57	76	96
44	59	77	97
45	66	78	80—86, 102
46	67	79	98, 99, 103
47, 48	68	80	104
		81	102—104 (Schlußs.)
49*		82	105
50	61	83	106
51	62	84	107
52	63	85	108
53	64	86	109
54	65	87	110
55	73	88	112
56, 57	74—79	89	113
		90	114
58*		91	115
59*		92	116
60*		93 Nr. 1 u. 2*	
61	80, 81	93 No. 3	135
62	82	94	120
63	83	95	121
64	84	96	122
65	85	97	127
66	86	98	128
67	87	99	129
68	88	100	130
69	89, 90	101	131
70	91	102, 103	196, 197
71	92		

Preuß. St.-G.-B.	Nordd. St.-G.-B.	Preuß. St.-G.-B.	Nordd. St.-G.-B.
§§	§§	§§	§§
104	132	136	167
105	360 No. 8	137	168, 367 No. 1
106	133	138	169
107	134	139	171, 338
108	136	140	172
109	138	141	173
110	140, 360 No. 3	142	174
111	141	143	175
112*		144	176—178
113	142, 143	145	179
114 A. 1	144	146	361 No. 6
114 A. 2*		147	180
115	361 No. 2	148	181
116	361 No. 1	149	182
117	361 No. 3	150	183
118	361 No. 4	151	184
119	361 No. 5, 7 u. 8	152	185
120	362	153	199
121	146	154	193
122	147	155	300
123	148	156	186, 187
124	149	157	190
125	153, 161	158	192
126 } 127 }	154, 161	159	191
		160	194
128	155	161	198
129	156, 161 A. 2	162	195
130	159, 161 A. 2	163	200
131	162	164	201
132	163	165	202
133	164	166	203
134	165	167	204
135	166	168	205

Preuß. St.-G.-B.	Nordd. St.-G.-B.	Preuß. St.-G.B.	Nordd. St.-G.-B.
§§	§§	§§	§§
169	206	200*	
170	208	201*	
171	207	202	330
172 }	209	203	230 A. 2, 232
173 }		204	234
174	210	205 }	235
175	211	206 }	
176	212	207	236
177	213	208	237
178	214	209	238
179	215	210	239
180	217	211*	
181	218	212	240
182	220	213	241, 126
183	221	214	123 A. 3, 124
184	222	215 }	242, 248
185*		216 }	
186 A. 1	367 No. 1	217* }	
186 A. 2*		218	243, 248
187	223 A. 1	219	244, 245
188	233	220 }	243 No. 7
189	232	221 }	
190*		222* }	vgl. 243 No. 2
191	223 A. 2	223* }	
192	232 A. 2, 196	224*	vgl. 243 No. 3 u. 4
192a*		225 }	246, 248
193	224, 225	226 }	
194	226	227 }	
195	227	228 }	247
196	228	229 }	
197	229	230 }	249, 252
198	230, 232	231 }	
199*		232	250

Preuß. St.-G.-B.	Nordd. St.-G.-B.	Preuß. St.-G.-B.	Nordd. St.-G.-B.
§§	§§	§§	§§
233	250 No. 5, 251	262*	
234 }	253, 254, 256	263*	
235 }		264*	
236	255	265	290
237	259, 258 No. 1, 257, 262	266	284
238	259, 258 No. 2, 262	267	285
239	260	268	286
240	261	269	287
241 }	263	270*	
242 }		271	289
243		272	137
„ No. 1, 2, 5, 6*		273	296, 370 No. 4
„ No. 3, 4	150	274	292
„ No. 7, 8	274, 280	275	293
244	265	276	294
245*		277	295
246	266 No. 1 u. 3	278	297
247	268 No. 1	279	298
248	269	280	299
249	270	281	303
250	268 No. 1 u. A. 2	282	304
251	268 No. 2 u. A. 2	283	305
251 No. 5*		284	125
252	272, 273	285	306, 307 No. 1
253	275, 280	286 }	308
254	363	287 }	
255	271	288	309
256	277 }	289	311
257	278 } 280	290	312
258	279 }	291 }	313
259	281	292 }	
260	282	293	314
261	283	294	315

Preuß. St.-G.-B.	Nordd. St.-G.-B.
§§	§§
295	316
296	317
297*	
298	318
299	319
300	320
301	321 } 326
302	322 } 326
303	323 } 326
304	324 } 326
305	325
306	327
307	328
308	329
309	331, 335, 358
310	332, 334 A. 1, 335
311	333, 334 A. 2, 335
312 } 313 }	334, 335
314	336
315	339, 358
316	340, 358
317	341, 358
318	342
319	343
320	344, 345
321	346
322	347
323	349
324	350
325	351
326	352, 358

Preuß. St.G.-B.	Nordd. St.-G.-B.
§§	§§
327	353 } 358
328	354 } 358
329	356
330	357
331	359
332*	
333	1 A. 3
334	18, 19
335	27—29
336	(43—46)
337	73
338	77 A. 3.
339	67 A. 3, 68
340	360
No. 1—7 } No. 9—11 }	No. 1, 2, 4—6, " 9—11, " 13, 14
No. 8	366 No. 1
341	361 No. 4
342	365
343	185, 61 u. 67 A. 2
344	366
No. 1—8	No. 2—5 " 7—10
345	367
No. 1—12	No. 2—5, " 7—9, " 11—15
346	
No. 1	123
No. 2	366 No. 6
No. 3	366 No. 7

Preuß. St.-G.-B.	Nordd. St.-G.-B.	Preuß. St.-G.-B.	Nord. St.-G.-B.
§§	§§	§§	§§
347	368	349 No. 3	370 No. 5
No. 1—4	No. 1—4	No. 4	No. 3
No. 6—12	No. 5—11	No. 5	291
No. 5	367 No. 6	No. 6	360 No. 12
348	369	No. 7	370 No. 6
349	370		
No. 1, 2	No. 1, 2,		

Einführungs-Gesetz.

Gegeben: Schloß Babelsberg den 31. Mai 1870.
Ausgegeben zu Berlin den 8. Juni 1870.
B.G.B. No. 16. S. 195 und 196.

§ 1. Das Strafgesetzbuch für den Norddeutschen Bund tritt im ganzen Umfange des Bundesgebietes mit dem 1. Januar 1871 in Kraft.

Die Wirksamkeit der §§ 2—8 dieses Gesetzes beginnt gleichfalls mit dem 1. Januar 1871.

§ 2. Mit diesem Tage tritt das Bundes- und Landesstrafrecht, insoweit dasselbe Materien betrifft, welche Gegenstand des Strafgesetzbuchs für den Norddeutschen Bund sind, außer Kraft.

In Kraft bleiben die besonderen Vorschriften des Bundes- und Landes-Strafrechts, namentlich über strafbare Verletzungen der Preßpolizei-, Post-, Steuer-, Zoll-, Fischerei-, Jagd-, Forst- und Feldpolizei-Gesetze, über Mißbrauch des Vereins- und Versammlungsrechts und über den Holz- (Forst-)Diebstahl.

Bis zum Erlasse eines Bundesgesetzes über den Konkurs bleiben ferner diejenigen Strafvorschriften in Kraft, welche rücksichtlich des Konkurses in Landesgesetzen enthalten sind, insoweit dieselben sich auf Handlungen beziehen, über welche das Strafgesetzbuch für den Norddeutschen Bund nichts bestimmt. — Straf-G.-B. §§ 281—283.

§ 3. Wenn in Landesgesetzen auf strafrechtliche Vorschriften, welche durch das Strafgesetzbuch für den Norddeutschen Bund außer Kraft gesetzt sind, verwiesen wird, so treten die entsprechenden Vorschriften des letzteren an die Stelle der ersteren.

§ 4. Bis zum Erlasse der in den Artikeln 61. und 68. der Verfassung des Norddeutschen Bundes vorbehaltenen Bundesgesetze sind die in den §§ 81, 88, 90, 307, 311, 312, 315, 322, 323 und 324 des Strafgesetzbuchs für den Norddeutschen Bund mit lebenslänglichem Zuchthaus bedrohten Verbrechen mit dem Tode zu bestrafen, wenn sie in einem Theile des Bundesgebietes, welchen der Bundesfeldherr in Kriegszustand (Art. 68. der Verfassung) erklärt hat, oder während eines gegen den Norddeutschen Bund ausgebrochenen Krieges auf dem Kriegsschauplatze begangen werden.

B. V. Art. 61. Abs. 2.: „Nach gleichmäßiger Durchführung der Bundeskriegsorganisation wird das Bundespräsidium ein umfassendes Bundes-Militärgesetz dem Reichstage und dem Bundesrathe zur verfassungsmäßigen Beschlußfassung vorlegen." — Art. 68.: „Der Bundesfeldherr kann, wenn die öffentliche Sicherheit in dem Bundesgebiete bedroht ist, einen jeden Theil desselben in Kriegszustand erklären. Bis zum Erlaß eines die Voraussetzungen, die Form der Verkündigung und die Wirkungen einer solchen Erklärung regelnden Bundesgesetzes gelten dafür die Vorschriften des Preußischen Gesetzes vom 4. Juni 1851." (Gesetz-Samml. für 1851. S. 451 ff.)

§ 5. In landesgesetzlichen Vorschriften über Materien, welche nicht Gegenstand des Strafgesetzbuchs für deu Norddeutschen Bund sind, darf nur Gefängniß bis zu zwei Jahren, Haft, Geldstrafe, Einziehung einzelner Gegenstände und die Entziehung öffentlicher Aemter angedroht werden.

§ 6. Vom 1. Januar 1871 ab darf nur auf die im Strafgesetzbuche für den Norddeutschen Bund enthaltenen Strafarten erkannt werden. — StGB. §§ 13—42.

Wenn in Landesgesetzen anstatt der Gefängniß- oder Geldstrafe Forst- oder Gemeinde-Arbeit angedroht oder nachgelassen ist, so behält es hierbei sein Bewenden.

§ 7. Vom 1. Januar 1871 ab verjähren Zuwiderhandlungen gegen die Vorschriften über die Entrichtung der Branntweinsteuer, der Biersteuer und der Postgefälle in drei Jahren.

Vgl. Preuß. Ges. vom 22. Mai 1852. Art. V. und Preuß. Verordn. vom 25. Juni 1867. Art. 11. und das Bundesgesetz über das Postwesen vom 2. November 1867. §. 37 (?). —

§ 8. Der Landesgesetzgebung bleibt vorbehalten, Uebergangsbestimmungen zu treffen, um die in Kraft bleibenden Landesstrafgesetze mit den Vorschriften des Strafgesetzbuchs für den Norddeutschen Bund in Uebereinstimmung zu bringen.

Strafgesetzbuch.

Gegeben: Schloß Babelsberg den 31. Mai 1870.
Ausgegeben zu Berlin den 8. Juni 1870.
Gesetzeskraft mit dem 1. Januar 1871. (E. G. § 1.)
B. G. B. No. 16. S. 197—273.

Einleitende Bestimmungen.

§ 1.(1)* Eine mit dem Tode, mit Zuchthaus, oder mit Festungshaft von mehr als fünf Jahren bedrohte Handlung ist ein Verbrechen.

Eine mit Festungshaft bis zu fünf Jahren, mit Gefängniß oder mit Geldstrafe von mehr als funfzig Thalern bedrohte Handlung ist ein Vergehen.

Eine mit Haft oder mit Geldstrafe bis zu funfzig Thalern bedrohte Handlung ist eine Uebertretung.

Für die Qualifizirung einer strafbaren Handlung ist im Einzelnen die schwerste Art oder das höchste Maß der angedrohten Strafe maßgebend. Bei einem Vergehen, nämlich der Beleidigung (§§. 185, 186) ist zufolge der Reichstagsbeschlüsse auch Haft zulässig.

§ 2.(2) Eine Handlung kann nur dann mit einer Strafe belegt werden, wenn diese Strafe gesetzlich bestimmt war, bevor die Handlung begangen wurde.

---

* Die in Parenthese gedruckten kleineren Zahlen bezeichnen die Paragraphen des Preußischen Strafgesetzbuchs.

Bei Verschiedenheit der Gesetze von der Zeit der begangenen Handlung bis zu deren Aburtheilung ist das mildeste Gesetz anzuwenden.

§ 3.(3) Die Strafgesetze des Norddeutschen Bundes finden Anwendung auf alle im Gebiete desselben begangenen strafbaren Handlungen, auch wenn der Thäter ein Ausländer ist.

§ 4.(4) Wegen der im Auslande begangenen Verbrechen und Vergehen findet in der Regel keine Verfolgung Statt. — §§ 102, 298.

Jedoch kann nach den Strafgesetzen des Norddeutschen Bundes verfolgt werden

1) ein Ausländer, welcher im Auslande eine hochverrätherische Handlung gegen den Norddeutschen Bund oder einen Bundesstaat, oder ein Münzverbrechen begangen hat; — §§. 80—86, 146, 147, 149.

2) ein Norddeutscher, welcher im Auslande eine hochverrätherische oder landesverrätherische Handlung gegen den Norddeutschen Bund oder einen Bundesstaat, eine Beleidigung gegen einen Bundesfürsten, oder ein Münzverbrechen begangen hat; — §§ 80 bis 93, 94, 95, 98, 99, 146, 147, 149.

Daß das Münzverbrechen (No. 1 und 2) gegen den Bund oder einen Bundesstaat begangen wird, ist nicht erforderlich. Motive S. 19.

3) ein Norddeutscher, welcher im Auslande eine Handlung begangen hat, die nach den Gesetzen des Norddeutschen Bundes als Verbrechen oder Vergehen

anzusehen und durch die Gesetze des Orts, an welchem sie begangen wurde, mit Strafe bedroht ist.

Die Verfolgung ist auch zulässig, wenn der Thäter bei Begehung der Handlung noch nicht Norddeutscher war. In diesem Falle bedarf es jedoch eines Antrages der zuständigen Behörde des Landes, in welchem die strafbare Handlung begangen worden, und das ausländische Strafgesetz ist anzuwenden, soweit dieses milder ist.

§ 5.(4 No. 3) Im Falle des § 4 Nr. 3 bleibt die Verfolgung ausgeschlossen, wenn

1) von den Gerichten des Auslandes über die Handlung rechtskräftig erkannt und entweder eine Freisprechung erfolgt oder die ausgesprochene Strafe vollzogen, — § 37 —
2) die Strafverfolgung oder die Strafvollstreckung nach den Gesetzen des Auslandes verjährt oder die Strafe erlassen, oder
3) der nach den Gesetzen des Auslandes zur Verfolgbarkeit der Handlung erforderliche Antrag des Verletzten nicht gestellt worden ist.

§ 6.(4 Abs. 3) Im Auslande begangene Uebertretungen sind nur dann zu bestrafen, wenn dies durch besondere Gesetze oder durch Verträge angeordnet ist.

Vgl. z. B. den Vertrag zwischen dem Nordd. Bunde und Baden über die Rechtshülfe vom 14. Januar 1870. B. G. B. S. 67; bes. Art. 27.

§ 7. Eine im Auslande vollzogene Strafe ist, wenn wegen derselben Handlung im Gebiete des Norddeutschen Bundes abermals eine Verurtheilung erfolgt, auf die zu erkennende Strafe in Anrechnung zu bringen. — §§. 3, 4 No. 1 und 2.

§ 8. Ausland im Sinne dieses Strafgesetzes ist jedes nicht zum Norddeutschen Bunde gehörige Gebiet.

§ 9. Ein Norddeutscher darf einer ausländischen Regierung zur Verfolgung oder Bestrafung nicht überliefert werden.

§ 10.(5) Auf Norddeutsche Militairpersonen finden die allgemeinen Strafgesetze des Norddeutschen Bundes insoweit Anwendung, als nicht die Militärgesetze ein Anderes bestimmen.

Vgl. B. V. Art. 61 und Verordnung des Bundesoberhaupts vom 29. Dezember 1867 nebst der Zusammenstellung des geltenden Militärstrafrechts B. G. B. 1867, S. 185—316.

§ 11. Kein Mitglied eines Landtages oder einer Kammer eines zum Norddeutschen Bunde gehörigen Staats darf außerhalb der Versammlung, zu welcher das Mitglied gehört, wegen seiner Abstimmung oder wegen der in Ausübung seines Berufes gethanen Aeußerung zur Verantwortung gezogen werden. — B. V. Art. 30.

§ 12. Wahrheitsgetreue Berichte über Verhandlungen eines Landtages oder einer Kammer eines zum Norddeutschen Bunde gehörigen Staats bleiben von jeder Verantwortlichkeit frei.

Erster Theil.

Von der Bestrafung der Verbrechen, Vergehen und Uebertretungen im Allgemeinen.

Erster Abschnitt.

Strafen.

§ 13.(7) Die Todesstrafe ist durch Enthauptung zu vollstrecken.

§ 14.(10) Die Zuchthausstrafe ist eine lebenslängliche oder eine zeitige.

Der Höchstbetrag der zeitigen Zuchthausstrafe ist funfzehn Jahre, ihr Mindestbetrag ein Jahr.

Wo das Gesetz die Zuchthausstrafe nicht ausdrücklich als eine lebenslängliche androht, ist dieselbe eine zeitige.

§ 15.(11) Die zur Zuchthausstrafe Verurtheilten sind in der Strafanstalt zu den eingeführten Arbeiten anzuhalten.

Sie können auch zu Arbeiten außerhalb der Anstalt, insbesondere zu öffentlichen oder von einer Staatsbehörde beaufsichtigten Arbeiten verwendet werden. Diese Art der Beschäftigung ist nur dann zulässig, wenn die Gefangenen dabei von anderen freien Arbeitern getrennt gehalten werden.

Zu Absatz 2. Vgl. Preuß. Gesetz vom 11. April 1854 (Wentzelsches Ges.) Pr. G. S. S. 143.

§ 16.(14) Der Höchstbetrag der Gefängnißstrafe ist fünf Jahre, ihr Mindestbetrag ein Tag.

Die zur Gefängnißstrafe Verurtheilten können in einer Gefangenanstalt auf eine ihren Fähigkeiten und Verhältnissen angemessene Weise beschäftigt werden; auf ihr Verlangen sind sie in dieser Weise zu beschäftigen.

Eine Beschäftigung außerhalb der Anstalt (§ 15) ist nur mit ihrer Zustimmung zulässig.

§ 17.(13) Die Festungshaft ist eine lebenslängliche oder eine zeitige.

Der Höchstbetrag der zeitigen Festungshaft ist funfzehn Jahre, ihr Mindestbetrag ein Tag.

Wo das Gesetz die Festungshaft nicht ausdrücklich als eine lebenslängliche androht, ist dieselbe eine zeitige.

Die Strafe der Festungshaft besteht in Freiheitsentziehung mit Beaufsichtigung der Beschäftigung und Lebensweise der Gefangenen; sie wird in Festungen oder in anderen dazu bestimmten Räumen vollzogen.

§ 18.(334) Der Höchstbetrag der Haft ist sechs Wochen, ihr Mindestbetrag ein Tag. — § 77.

Die Strafe der Haft besteht in einfacher Freiheitsentziehung.

§ 19.(15) Bei Freiheitsstrafen wird der Tag zu vierundzwanzig Stunden, die Woche zu sieben Tagen, der Monat und das Jahr nach der Kalenderzeit gerechnet.

Die Dauer einer Zuchthausstrafe darf nur nach vollen Monaten, die Dauer einer anderen Freiheitsstrafe nur nach vollen Tagen bemessen werden.

§ 20. Wo das Gesetz die Wahl zwischen Zuchthaus und Festungshaft gestattet, darf auf Zuchthaus nur dann erkannt werden, wenn festgestellt wird, daß die strafbar befundene Handlung aus einer ehrlosen Gesinnung entsprungen ist.

§ 21.(16) Achtmonatliche Zuchthausstrafe ist einer einjährigen Gefängnißstrafe, achtmonatliche Gefängnißstrafe einer einjährigen Festungshaft gleich zu achten.

§ 22. Die Zuchthaus- und Gefängnißstrafe können sowohl für die ganze Dauer, wie für einen Theil der erkannten Strafzeit in der Weise in Einzelhaft vollzogen werden, daß der Gefangene unausgesetzt von anderen Gefangenen gesondert gehalten wird.

Die Einzelhaft darf ohne Zustimmung des Gefangenen die Dauer von drei Jahren nicht übersteigen.

Zu § 22. vgl. Resolution des Reichstags vom 4. März 1870: „den Bundeskanzler aufzufordern, eine Vorlage des Bundesrathes herbeizuführen, durch welche die Vollstreckung der Freiheitsstrafen gesetzlich geregelt und die Einsetzung einer Bundesbehörde angeordnet wird, welcher die oberste Aufsicht über die sämmtlichen Angelegenheiten der Straf- und Besserungs-Anstalten obliegt." St. B. S. 189.

§ 23. Die zu einer längeren Zuchthaus- oder Gefängnißstrafe Verurtheilten können, wenn sie drei Viertheile, mindestens aber ein Jahr der ihnen auferlegten Strafe verbüßt, sich auch während dieser Zeit gut geführt haben, mit ihrer Zustimmung vorläufig entlassen werden.

§ 24. Die vorläufige Entlassung kann bei schlechter Führung des Entlassenen oder wenn derselbe den ihm bei der Entlassung auferlegten Verpflichtungen zuwiderhandelt, jederzeit widerrufen werden.

Der Widerruf hat die Wirkung, daß die seit der vorläufigen Entlassung bis zur Wiedereinlieferung verflossene Zeit auf die festgesetzte Strafdauer nicht angerechnet wird.

§ 25. Der Beschluß über die vorläufige Entlassung,

sowie über einen Widerruf ergeht von der obersten Justiz-Aufsichtsbehörde. Vor dem Beschluß über die Entlassung ist die Gefängnißverwaltung zu hören.

Die einstweilige Festnahme vorläufig Entlassener kann aus dringenden Gründen des öffentlichen Wohls von der Polizeibehörde des Orts, an welchem der Entlassene sich aufhält, verfügt werden. Der Beschluß über den endgültigen Widerruf ist sofort nachzusuchen.

Führt die einstweilige Festnahme zu einem Widerrufe, so gilt dieser als am Tage der Festnahme erfolgt.

§ 26. Ist die festgesetzte Strafzeit abgelaufen, ohne daß ein Widerruf der vorläufigen Entlassung erfolgt ist, so gilt die Freiheitsstrafe als verbüßt.

§ 27.(17, 335) Der Mindestbetrag der Geldstrafe ist bei Verbrechen und Vergehen ein Thaler, bei Uebertretungen ein Drittheil Thaler.

§ 28.(17, 335) Eine nicht beizutreibende Geldstrafe ist in Gefängniß und, wenn sie wegen einer Uebertretung erkannt worden ist, in Haft umzuwandeln.

Ist bei einem Vergehen Geldstrafe allein oder an erster Stelle, oder wahlweise neben Haft angedroht, so kann die Geldstrafe in Haft umgewandelt werden, wenn die erkannte Strafe nicht den Betrag von zweihundert Thalern und die an ihre Stelle tretende Freiheitsstrafe nicht die Dauer von sechs Wochen übersteigt.

War neben der Geldstrafe auf Zuchthaus erkannt, so ist die an deren Stelle tretende Gefängnißstrafe nach Maßgabe des §. 21 in Zuchthausstrafe umzuwandeln.

Der Verurtheilte kann sich durch Erlegung des Strafbetrages, soweit dieser durch die erstandene Freiheitsstrafe noch nicht getilgt ist, von der letzteren freimachen.

Abweichend von Abs. 4 bestimmen das Gesetz über das Postwesen des Nordd. Bundes vom 2. Novbr. 1867 § 53 und das Zollstrafgesetz § 55: „Der Verurtheilte kann von der statt der Geldbuße bereits in Vollzug gesetzten Freiheitsstrafe sich nur durch Erlegung des vollen Betrages der erkannten Geldbuße befreien." Vgl. E. G. § 2. Abs. 2.

§ 29.(17, 335) Bei Umwandlung einer wegen eines Verbrechens oder Vergehens erkannten Geldstrafe ist der Betrag von einem bis zu fünf Thalern, bei Umwandlung einer wegen einer Uebertretung erkannten Geldstrafe der Betrag von einem Drittheil bis zu fünf Thalern einer eintägigen Freiheitsstrafe gleich zu achten.

Der Mindestbetrag der an Stelle einer Geldstrafe tretenden Freiheitsstrafe ist ein Tag, ihr Höchstbetrag bei Haft sechs Wochen, bei Gefängniß ein Jahr. Wenn jedoch eine neben der Geldstrafe wahlweise angedrohte Freiheitsstrafe ihrer Dauer nach den vorgedachten Höchstbetrag nicht erreicht, so darf die an Stelle der Geldstrafe tretende Freiheitsstrafe den angedrohten Höchstbetrag jener Freiheitsstrafe nicht übersteigen. — § 78. Abs. 2. —

§ 30.(20) In den Nachlaß kann eine Geldstrafe nur dann vollstreckt werden, wenn das Urtheil bei Lebzeiten des Verurtheilten rechtskräftig geworden war.

§ 31.(12. No. 2. u. 6) Die Verurtheilung zur Zuchthausstrafe hat die dauernde Unfähigkeit zum Dienste in dem Bundesheere und der Bundesmarine, sowie die dauernde Unfähigkeit zur Bekleidung öffentlicher Aemter von Rechtswegen zur Folge. — Vgl. §§ 33, 35.

Unter öffentlichen Aemtern im Sinne dieses Strafgesetzes sind die Advokatur, die Anwaltschaft und das

Notariat, sowie der Geschworenen- und Schöffendienst mitbegriffen.

Wegen der im StGB. gemachten Unterscheidung zwischen Amt und Beamten vgl. § 359.

§ 32.(7, 11, 21) Neben der Todesstrafe und der Zuchthausstrafe kann auf den Verlust der bürgerlichen Ehrenrechte erkannt werden, neben der Gefängnißstrafe nur, wenn die Dauer der erkannten Strafe drei Monate erreicht und entweder das Gesetz den Verlust der bürgerlichen Ehrenrechte ausdrücklich zuläßt oder die Gefängnißstrafe wegen Annahme mildernder Umstände an Stelle von Zuchthausstrafe ausgesprochen wird.

Die Dauer dieses Verlustes beträgt bei zeitiger Zuchthausstrafe mindestens zwei und höchstens zehn Jahre, bei Gefängnißstrafe mindestens ein Jahr und höchstens fünf Jahre.

Bei Meineid (§ 161) und schwerer Kuppelei (§ 181) muß auf Verlust der bürgerl. Ehrenrechte erkannt werden. — Neben Gefängnißstrafe läßt das StGB. den V. d. b. E. ausdrücklich zu in den §§: 108, 109, 133, 142, 143, 150, 160, 161, 164, 168, 173, 175, 180, 183, 248, 262, 263, 266, 280, 284, 289, 294, 302, 304, 329, 333, 350. — Bei Versuch vgl. § 45 und Konkurrenz § 76.

§ 33.(12 No. 2, 22) Die Aberkennung der bürgerlichen Ehrenrechte bewirkt den dauernden Verlust der aus öffentlichen Wahlen für den Verurtheilten hervorgegangenen Rechte, ingleichen den dauernden Verlust der öffentlichen Aemter, Würden, Titel, Orden und Ehrenzeichen. — § 81, 83, 84, 87—91, 94, 95.

§ 34.(12, 21) Die Aberkennung der bürgerlichen Ehrenrechte bewirkt ferner die Unfähigkeit, während der im Urtheile bestimmten Zeit

1) die Landeskokarde zu tragen;

2) in das Bundesheer oder in die Bundesmarine einzutreten;
3) öffentliche Aemter, Würden, Titel, Orden und Ehrenzeichen zu erlangen; — § 35 —
4) in öffentlichen Angelegenheiten zu stimmen, zu wählen oder gewählt zu werden oder andere politische Rechte auszuüben;
5) Zeuge bei Aufnahme von Urkunden zu sein;
6) Vormund, Nebenvormund, Kurator, gerichtlicher Beistand oder Mitglied eines Familienraths zu sein, es sei denn, daß es sich um Verwandte absteigender Linie handele und die obervormundschaftliche Behörde oder der Familienrath die Genehmigung ertheile.

§ 35.(25) Neben einer Gefängnißstrafe, mit welcher die Aberkennung der bürgerlichen Ehrenrechte überhaupt hätte verbunden werden können, kann auf die Unfähigkeit zur Bekleidung öffentlicher Aemter auf die Dauer von einem bis zu fünf Jahren erkannt werden. — Vgl. auch §§ 128, 129, 331, 339—341, 352—355, 357, 358.

Die Aberkennung der Fähigkeit zur Bekleidung öffentlicher Aemter hat den dauernden Verlust der bekleideten Aemter von Rechtswegen zur Folge.

§ 36.(12, 21) Die Wirkung der Aberkennung der bürgerlichen Ehrenrechte überhaupt, sowie der Fähigkeit zur Bekleidung öffentlicher Aemter insbesondere, tritt mit der Rechtskraft des Urtheils ein; die Zeitdauer wird von dem Tage berechnet, an dem die Freiheitsstrafe, neben welcher jene Aberkennung ausgesprochen wurde, verbüßt, verjährt oder erlassen ist.

§ 37.(24) Ist ein Norddeutscher im Auslande wegen eines Verbrechens oder Vergehens bestraft worden, welches nach den Gesetzen des Norddeutschen Bundes den Verlust der bürgerlichen Ehrenrechte überhaupt oder einzelner bürgerlichen Ehrenrechte zur Folge hat oder zur Folge haben kann, so ist ein neues Strafverfahren zulässig, um gegen den in diesem Verfahren für schuldig Erklärten auf jene Folge zu erkennen.

§ 38.(26) Neben einer Freiheitsstrafe kann in den durch das Gesetz vorgesehenen Fällen auf die Zulässigkeit von Polizei-Aufsicht erkannt werden. — Vgl. §. 44 A. 2, §§ 115, 116, 122, 125, 146, 147, 180, 181, 248, 256, 262, 294 und 325, sowie §§ 45, 57 No. 5 und 76.

Die höhere Landespolizeibehörde erhält durch ein solches Erkenntniß die Befugniß, nach Anhörung der Gefängnißverwaltung den Verurtheilten auf die Zeit von höchstens fünf Jahren unter Polizei-Aufsicht zu stellen.

Diese Zeit wird von dem Tage berechnet, an welchem die Freiheitsstrafe verbüßt, verjährt oder erlassen ist.

Ueber die Polizei-Aufsicht vgl. Anhang III. zu den Motiven S. 179—201.

§ 39.(27) Die Polizei-Aufsicht hat folgende Wirkungen:

1) dem Verurtheilten kann der Aufenthalt an einzelnen bestimmten Orten von der höheren Landespolizeibehörde untersagt werden; — § 361 No. 1. —
2) die höhere Landespolizeibehörde ist befugt, den Ausländer aus dem Bundesgebiete zu verweisen; — § 361 No. 2. —
3) Haussuchungen unterliegen keiner Beschränkung hinsichtlich der Zeit, zu welcher sie stattfinden dürfen.

§ 40.(19) Gegenstände, welche durch ein vorsätzliches Verbrechen oder Vergehen hervorgebracht, oder welche zur Begehung eines vorsätzlichen Verbrechens oder Vergehens gebraucht oder bestimmt sind, können, sofern sie dem Thäter oder einem Theilnehmer gehören, eingezogen werden. — §§ 152, 295, 360, 367, 369.

Die Einziehung ist im Urtheile auszusprechen.

Die Einziehung muß erfolgen in den Fällen der §§ 152, 295, 369.

§ 41.(19 A. 3, 4) Wenn der Inhalt einer Schrift, Abbildung oder Darstellung strafbar ist, so ist im Urtheile auszusprechen, daß alle Exemplare, sowie die zu ihrer Herstellung bestimmten Platten und Formen unbrauchbar zu machen sind.

Diese Vorschrift bezieht sich jedoch nur auf die im Besitze des Verfassers, Druckers, Herausgebers, Verlegers oder Buchhändlers befindlichen und auf die öffentlich ausgelegten oder öffentlich angebotenen Exemplare.

Ist nur ein Theil der Schrift, Abbildung oder Darstellung strafbar, so ist, insofern eine Ausscheidung möglich ist, auszusprechen, daß nur die strafbaren Stellen und derjenige Theil der Platten und Formen, auf welchem sich diese Stellen befinden, unbrauchbar zu machen sind.

§ 42.(20 A. 2) Ist in den Fällen der §§ 40 und 41 die Verfolgung oder die Verurtheilung einer bestimmten Person nicht ausführbar, so können die daselbst vorgeschriebenen Maßnahmen selbstständig erkannt werden.

Zweiter Abschnitt.

Versuch.

§ 43.(31, 33) Wer den Entschluß, ein Verbrechen oder Vergehen zu verüben, durch Handlungen, welche einen Anfang der Ausführung dieses Verbrechens oder Vergehens enthalten, bethätigt hat, ist, wenn das beabsichtigte Verbrechen oder Vergehen nicht zur Vollendung gekommen ist, wegen Versuches zu bestrafen.

Der Versuch eines Vergehens wird jedoch nur in den Fällen bestraft, in welchen das Gesetz dies ausdrücklich bestimmt. — §§ 107, 120, 141, 148, 162, 169, 240, 242, 246, 253, 263, 289, 303—305, 339, 350, 352.

§ 44.(32) Das versuchte Verbrechen oder Vergehen ist milder zu bestrafen, als das vollendete.

Ist das vollendete Verbrechen mit dem Tode oder mit lebenslänglichem Zuchthaus bedroht, so tritt Zuchthausstrafe nicht unter drei Jahren ein, neben welcher auf Zulässigkeit von Polizei-Aufsicht erkannt werden kann.

Ist das vollendete Verbrechen mit lebenslänglicher Festungshaft bedroht, so tritt Festungshaft nicht unter drei Jahren ein.

In den übrigen Fällen kann die Strafe bis auf ein Viertheil des Mindestbetrages der auf das vollendete Verbrechen oder Vergehen angedrohten Freiheits- und Geldstrafe ermäßigt werden. Ist hiernach Zuchthausstrafe unter einem Jahre verwirkt, so ist dieselbe nach Maßgabe des § 21 in Gefängniß zu verwandeln.

§ 45. Wenn neben der Strafe des vollendeten Verbrechens oder Vergehens die Aberkennung der bürgerlichen Ehrenrechte zulässig oder geboten ist, oder auf Zulässigkeit von Polizei-Aufsicht erkannt werden kann, so gilt Gleiches bei der Versuchsstrafe.

§ 46.(31) Der Versuch als solcher bleibt straflos, wenn der Thäter

1) die Ausführung der beabsichtigten Handlung aufgegeben hat, ohne daß er an dieser Ausführung durch Umstände gehindert worden ist, welche von seinem Willen unabhängig waren, oder
2) zu einer Zeit, zu welcher die Handlung noch nicht entdeckt war, den Eintritt des zur Vollendung des Verbrechens oder Vergehens gehörigen Erfolges durch eigene Thätigkeit abgewendet hat.

Dritter Abschnitt.

Theilnahme.

§ 47. Wenn Mehrere eine strafbare Handlung gemeinschaftlich ausführen, so wird Jeder als Thäter bestraft.

§ 48.(34, 35) Als Anstifter wird bestraft, wer einen Anderen zu der von demselben begangenen strafbaren Handlung durch Geschenke oder Versprechen, durch Drohung, durch Mißbrauch des Ansehens oder der Gewalt, durch absichtliche Herbeiführung oder Beförderung eines Irrthums oder durch andere Mittel vorsätzlich bestimmt hat. — §§ 111, 85, 110, 159, 160.

Die Strafe des Anstifters ist nach demjenigen Gesetze festzusetzen, welches auf die Handlung Anwendung findet, zu welcher er wissentlich angestiftet hat.

§ 49.(34. 35) Als Gehülfe wird bestraft, wer dem Thäter zur Begehung des Verbrechens oder Vergehens durch Rath oder That wissentlich Hülfe geleistet hat.

Die Strafe des Gehülfen ist nach demjenigen Gesetze festzusetzen, welches auf die Handlung Anwendung findet, zu welcher er wissentlich Hülfe geleistet hat, jedoch nach den über die Bestrafung des Versuches aufgestellten Grundsätzen zu ermäßigen. — § 143. A. 2.

§ 50. Wenn das Gesetz die Strafbarkeit einer Handlung nach den persönlichen Eigenschaften oder Verhältnissen desjenigen, welcher dieselbe begangen hat, erhöht oder vermindert, so sind diese besonderen Thatumstände dem Thäter oder demjenigen Theilnehmer (Mitthäter, Anstifter, Gehülfe) zuzurechnen, bei welchem sie vorliegen. — Vgl. z. B. §§ 215, 217.

Vierter Abschnitt.

Gründe, welche die Strafe ausschließen oder mildern.

§ 51.(40) Eine strafbare Handlung ist nicht vorhanden, wenn der Thäter zur Zeit der Begehung der Handlung sich in einem Zustande von Bewußtlosigkeit oder krankhafter Störung der Geistesthätigkeit befand, durch welchen seine freie Willensbestimmung ausgeschlossen war. — Vgl. Anm. zu § 58.

§ 52.(40) Eine strafbare Handlung ist nicht vorhanden, wenn der Thäter durch unwiderstehliche Gewalt oder durch eine Drohung, welche mit einer gegenwärtigen, auf andere Weise nicht abwendbaren Gefahr für Leib oder Leben seiner selbst oder eines Angehörigen verbunden war, zu der Handlung genöthigt worden ist.

Als Angehörige im Sinne dieses Strafgesetzes sind anzusehen Verwandte und Verschwägerte auf- und absteigender Linie, Adoptiv- und Pflege-Eltern und -Kinder, Ehegatten, Geschwister und deren Ehegatten, und Verlobte.

§ 53.(41) Eine strafbare Handlung ist nicht vorhanden, wenn die Handlung durch Nothwehr geboten war.

Nothwehr ist diejenige Vertheidigung, welche erforderlich ist, um einen gegenwärtigen, rechtswidrigen Angriff von sich oder einem Andern abzuwenden.

Die Ueberschreitung der Nothwehr ist nicht strafbar, wenn der Thäter in Bestürzung, Furcht oder Schrecken über die Grenzen der Vertheidigung hinausgegangen ist.

§ 54. Eine strafbare Handlung ist nicht vorhanden, wenn die Handlung außer dem Falle der Nothwehr in einem unverschuldeten, auf andere Weise nicht zu beseitigenden Nothstande zur Rettung aus einer gegenwärtigen Gefahr für Leib oder Leben des Thäters oder eines Angehörigen begangen worden ist.

Angehörige vgl. § 52 A. 2.

§ 55.(42, 43) Wer bei Begehung einer Handlung das zwölfte Lebensjahr nicht vollendet hat, kann wegen derselben nicht strafrechtlich verfolgt werden.

§ 56.(42) Ein Angeschuldigter, welcher zu einer Zeit, als er das zwölfte, aber nicht das achtzehnte Lebensjahr vollendet hatte, eine strafbare Handlung begangen hat, ist freizusprechen, wenn er bei Begehung derselben die zur Erkenntniß ihrer Strafbarkeit erforderliche Einsicht nicht besaß.

In dem Urtheile ist zu bestimmen, ob der Angeschuldigte seiner Familie überwiesen oder in eine Erziehungs- oder Besserungsanstalt gebracht werden soll. In der Anstalt ist er so lange zu behalten, als die der Anstalt vorgesetzte Verwaltungsbehörde solches für erforderlich erachtet, jedoch nicht über das vollendete zwanzigste Lebensjahr.

§ 57.(43) Wenn ein Angeschuldigter, welcher zu einer Zeit, als er das zwölfte, aber nicht das achtzehnte Lebensjahr vollendet hatte, eine strafbare Handlung begangen hat, bei Begehung derselben die zur Erkenntniß ihrer Strafbarkeit erforderliche Einsicht besaß, so kommen gegen ihn folgende Bestimmungen zur Anwendung:

1) ist die Handlung mit dem Tode oder mit lebenslänglichem Zuchthaus bedroht, so ist auf Gefängniß von drei bis zu funfzehn Jahren zu erkennen;
2) ist die Handlung mit lebenslänglicher Festungshaft bedroht, so ist auf Festungshaft von drei bis zu funfzehn Jahren zu erkennen;
3) ist die Handlung mit Zuchthaus oder mit einer anderen Strafart bedroht, so ist die Strafe zwischen dem gesetzlichen Mindestbetrage der angedrohten Strafart und der Hälfte des Höchstbetrages der angedrohten Strafe zu bestimmen.

   Ist die so bestimmte Strafe Zuchthaus, so tritt Gefängnißstrafe von gleicher Dauer an ihre Stelle;
4) ist die Handlung ein Vergehen oder eine Ueber-

tretung, so kann in besonders leichten Fällen auf Verweis erkannt werden;

5) auf Verlust der bürgerlichen Ehrenrechte überhaupt oder einzelner bürgerlichen Ehrenrechte, sowie auf Zulässigkeit von Polizei-Aufsicht ist nicht zu erkennen.

Die Freiheitsstrafe ist in besonderen, zur Verbüßung von Strafen jugendlicher Personen bestimmten Anstalten oder Räumen zu vollziehen.

§ 58. Ein Taubstummer, welcher die zur Erkenntniß der Strafbarkeit einer von ihm begangenen Handlung erforderliche Einsicht nicht besaß, ist freizusprechen.

Zu den §§ 51 und 58 wurde vom Reichstag die Resolution gefaßt: „den Bundeskanzler aufzufordern, im Wege einer Vorlage die Regelung eines Verfahrens herbeizuführen, durch welches Personen, die wegen ihres Geisteszustandes oder als Taubstumme für straflos erklärt worden sind, im Falle der Gemeingefährlichkeit einer wirksamen Beaufsichtigung überwiesen werden können." St. B. S. 234, Drucks. No. 42.

§ 59.(44) Wenn Jemand bei Begehung einer strafbaren Handlung das Vorhandensein von Thatumständen nicht kannte, welche zum gesetzlichen Thatbestande gehören oder die Strafbarkeit erhöhen, so sind ihm diese Umstände nicht zuzurechnen.

Bei der Bestrafung fahrlässig begangener Handlungen gilt diese Bestimmung nur insoweit, als die Unkenntniß selbst nicht durch Fahrlässigkeit verschuldet ist.

§ 60. Eine erlittene Untersuchungshaft kann bei Fällung des Urtheils auf die erkannte Strafe ganz oder theilweise angerechnet werden.

§ 61.(50) Eine Handlung, deren Verfolgung nur auf Antrag eintritt, ist nicht zu verfolgen, wenn der zum Antrage Berechtigte es unterläßt, den Antrag binnen drei Monaten zu stellen. Diese Frist beginnt mit dem Tage, seit welchem der zum Antrage Berechtigte von der Handlung und von der Person des Thäters Kenntniß gehabt hat. — Vgl. §§ 102—104, 123, 170, 172, 176, 177, 179, 182, 189, 194—196, 232, 236, 237, 240, 241, 247, 263, 288, 289, 292, 299, 300—303, 370 No. 4 bis 6.

§ 62.(51) Wenn von mehreren zum Antrage Berechtigten einer die dreimonatliche Frist versäumt, so wird hierdurch das Recht der übrigen nicht ausgeschlossen.

§ 63.(52) Der Antrag kann nicht getheilt werden. Das gerichtliche Verfahren findet gegen sämmtliche an der Handlung Betheiligte (Thäter und Theilnehmer), sowie gegen den Begünstiger (— § 257) statt, auch wenn nur gegen eine dieser Personen auf Bestrafung angetragen worden ist.

§ 64.(53) Nach Verkündung eines auf Strafe lautenden Erkenntnisses kann der Antrag nicht zurückgenommen werden. — Vgl. jedoch §§ 176, 177, 194.

Die rechtzeitige Zurücknahme des Antrages gegen eine der vorbezeichneten Personen hat die Einstellung des Verfahrens auch gegen die anderen zur Folge.

§ 65 (54) Der Verletzte, welcher das achtzehnte Lebensjahr vollendet hat, ist selbstständig zu dem Antrage auf Bestrafung berechtigt.

So lange der Verletzte minderjährig ist, hat der gesetzliche Vertreter desselben, unabhängig von der eigenen Befugniß des Verletzten, das Recht, den Antrag zu stellen.

Bei bevormundeten Geisteskranken und Taubstummen ist der Vormund der zur Stellung des Antrages Berechtigte.

§ 66.(45) Durch Verjährung wird die Strafverfolgung und die Strafvollstreckung ausgeschlossen.

§ 67.(46) Die Strafverfolgung von Verbrechen verjährt,
wenn sie mit dem Tode oder mit lebenslänglichem Zuchthaus bedroht sind, in zwanzig Jahren;
wenn sie im Höchstbetrage mit einer Freiheitsstrafe von einer längeren als zehnjährigen Dauer bedroht sind, in funfzehn Jahren;
wenn sie mit einer geringeren Freiheitsstrafe bedroht sind, in zehn Jahren.

Die Strafverfolgung von Vergehen, die im Höchstbetrage mit einer längeren als dreimonatlichen Gefängnißstrafe bedroht sind, verjährt in fünf Jahren, von anderen Vergehen in drei Jahren.

Die Strafverfolgung von Uebertretungen verjährt in drei Monaten. (Pr. St. G. B. 339.)

Die Verjährung beginnt mit dem Tage, an welchem die Handlung begangen ist, ohne Rücksicht auf den Zeitpunkt des eingetretenen Erfolges.

§ 68.(47, 48) Jede Handlung des Richters, welche wegen der begangenen That gegen den Thäter gerichtet ist, unterbricht die Verjährung.

Die Unterbrechung findet nur rücksichtlich desjenigen Statt, auf welchen die Handlung sich bezieht.

Nach der Unterbrechung beginnt eine neue Verjährung.

§ 69. Ist der Beginn oder die Fortsetzung eines Strafverfahrens von einer Vorfrage abhängig, deren Entscheidung in einem anderen Verfahren erfolgen muß, so ruht die Verjährung bis zu dessen Beendigung.

§ 70. Die Vollstreckung rechtskräftig erkannter Strafen verjährt, wenn

1) auf Tod oder auf lebenslängliches Zuchthaus oder auf lebenslängliche Festungshaft erkannt ist, in dreißig Jahren;
2) auf Zuchthaus von mehr als zehn Jahren erkannt ist, in zwanzig Jahren;
3) auf Zuchthaus bis zu zehn Jahren oder auf Festungshaft oder Gefängniß von mehr als fünf Jahren erkannt ist, in funfzehn Jahren;
4) auf Festungshaft oder Gefängniß von zwei bis zu fünf Jahren oder auf Geldstrafe von mehr als zweitausend Thalern erkannt ist, in zehn Jahren;
5) auf Festungshaft oder Gefängniß bis zu zwei Jahren oder auf Geldstrafe von mehr als funfzig bis zu zweitausend Thalern erkannt ist, in fünf Jahren;
6) auf Haft oder auf Geldstrafe bis zu funfzig Thalern erkannt ist, in zwei Jahren.

Die Verjährung beginnt mit dem Tage, an welchem das Urtheil rechtskräftig geworden ist.

§ 71. Die Vollstreckung einer wegen derselben Handlung neben einer Freiheitsstrafe erkannten Geldstrafe verjährt nicht früher, als die Vollstreckung der Freiheitsstrafe.

§ 72. Jede auf Vollstreckung der Strafe gerichtete Handlung derjenigen Behörde, welcher die Vollstreckung obliegt, sowie die zum Zwecke der Vollstreckung erfolgende Festnahme des Verurtheilten unterbricht die Verjährung.

Nach der Unterbrechung der Vollstreckung der Strafe beginnt eine neue Verjährung.

Fünfter Abschnitt.

Zusammentreffen mehrerer strafbarer Handlungen.

§ 73.(55) Wenn eine und dieselbe Handlung mehrere Strafgesetze verletzt, so kommt nur dasjenige Gesetz, welches die schwerste Strafe, und bei ungleichen Strafarten dasjenige Gesetz, welches die schwerste Strafart androht, zur Anwendung.

§ 74.(56, 57) Gegen denjenigen, welcher durch mehrere selbstständige Handlungen mehrere Verbrechen oder Vergehen, oder dasselbe Verbrechen oder Vergehen mehrmals begangen und dadurch mehrere zeitige Freiheitsstrafen verwirkt hat, ist auf eine Gesammtstrafe zu erkennen, welche in einer Erhöhung der verwirkten schwersten Strafe besteht.

Bei dem Zusammentreffen ungleichartiger Freiheitsstrafen tritt diese Erhöhung bei der ihrer Art nach schwersten Strafe ein.

Das Maß der Gesammtstrafe darf den Betrag der verwirkten Einzelstrafen nicht erreichen und funfzehnjähriges Zuchthaus, zehnjähriges Gefängniß oder funfzehnjährige Festungshaft nicht übersteigen.

§ 75. Trifft Festungshaft nur mit Gefängniß zusammen, so ist auf jede dieser Strafarten gesondert zu erkennen.

Ist Festungshaft oder Gefängniß mehrfach verwirkt, so ist hinsichtlich der mehreren Strafen gleicher Art so zu verfahren, als wenn dieselben allein verwirkt wären.

Die Gesammtdauer der Strafen darf in diesen Fällen funfzehn Jahre nicht übersteigen.

§ 76. Die Verurtheilung zu einer Gesammtstrafe schließt die Aberkennung der bürgerlichen Ehrenrechte nicht aus, wenn diese auch nur neben einer der verwirkten Einzelstrafen zulässig oder geboten ist.

Ingleichen kann neben der Gesammtstrafe auf Zulässigkeit von Polizei-Aufsicht erkannt werden, wenn dieses auch nur wegen einer der mehreren strafbaren Handlungen statthaft ist.

§ 77.(338) Trifft Haft mit einer anderen Freiheitsstrafe zusammen, so ist auf die erstere gesondert zu erkennen.

Auf eine mehrfach verwirkte Haft ist ihrem Gesammtbetrage nach, jedoch nicht über die Dauer von drei Monaten zu erkennen.

§ 78.(56) Auf Geldstrafen, welche wegen mehrerer strafbarer Handlungen allein oder neben einer Freiheitsstrafe verwirkt sind, ist ihrem vollen Betrage nach zu erkennen.

Bei Umwandlung mehrerer Geldstrafen ist der Höchstbetrag der an die Stelle derselben tretenden Freiheitsstrafe zwei Jahre Gefängniß und, wenn die mehreren Geldstrafen nur wegen Uebertretungen erkannt worden sind, drei Monate Haft. — § 29.

§ 79. Die Vorschriften der §§ 74. bis 78. finden auch Anwendung, wenn, bevor eine erkannte Strafe verbüßt, verjährt oder erlassen ist, die Verurtheilung wegen einer strafbaren Handlung erfolgt, welche vor der früheren Verurtheilung begangen war.

Zweiter Theil.

Von den einzelnen Verbrechen, Vergehen und Uebertretungen und deren Bestrafung.

Erster Abschnitt.

Hochverrath und Landesverrath.

§ 80.(61) Der Mord und der Versuch des Mordes, welche an dem Bundesoberhaupt, an dem eigenen Landesherrn, oder während des Aufenthalts in einem Bundesstaate an dem Landesherrn dieses Staats verübt worden sind, werden als Hochverrath mit dem Tode bestraft.

Der § 80. (Antrag v. Kardorff) wurde in der Reichstagssitzung vom 24. Mai 1870 mit 128 gegen 107 Stimmen beschlossen. St. B. S. 1165. —

§ 81.(61) Wer außer den Fällen des § 80. es unternimmt,

1) einen Bundesfürsten zu tödten, gefangen zu nehmen, in Feindes Gewalt zu liefern oder zur Regierung unfähig zu machen;
2) die Verfassung des Norddeutschen Bundes oder eines Bundesstaats oder die in demselben bestehende Thronfolge gewaltsam zu ändern;
3) das Gebiet des Norddeutschen Bundes ganz oder theilweise einem fremden Staate gewaltsam einzuverleiben oder einen Theil desselben vom Ganzen loszureißen, oder
4) das Gebiet eines Bundesstaats ganz oder theilweise

einem andern Bundesstaate gewaltsam einzuverleiben oder einen Theil desselben vom Ganzen loszureißen,

wird wegen Hochverraths mit lebenslänglichem Zuchthaus oder lebenslänglicher Festungshaft bestraft.

Sind mildernde Umstände vorhanden, so tritt Festungshaft nicht unter fünf Jahren ein.

Neben der Festungshaft kann auf Verlust der bekleideten öffentlichen Aemter, sowie der aus öffentlichen Wahlen hervorgegangenen Rechte erkannt werden.

§ 82.(62) Als ein Unternehmen, durch welches das Verbrechen des Hochverraths vollendet wird, ist jede Handlung anzusehen, durch welche das Vorhaben unmittelbar zur Ausführung gebracht werden soll.

§ 83.(63) Haben Mehrere die Ausführung eines hochverrätherischen Unternehmens verabredet, ohne daß es zum Beginn einer nach § 82. strafbaren Handlung gekommen ist, so werden dieselben mit Zuchthaus nicht unter fünf Jahren oder mit Festungshaft von gleicher Dauer bestraft.

Sind mildernde Umstände vorhanden, so tritt Festungshaft nicht unter zwei Jahren ein.

Neben der Festungshaft kann auf Verlust der bekleideten öffentlichen Aemter, sowie der aus öffentlichen Wahlen hervorgegangenen Rechte erkannt werden.

§ 84.(64) Die Strafvorschriften des § 83. finden auch gegen denjenigen Anwendung, welcher zur Vorbereitung eines Hochverraths entweder sich mit einer auswärtigen Regiernng einläßt oder die ihm von dem Norddeutschen Bunde oder einem Bundesstaate anvertraute Macht mißbraucht oder Mannschaften anwirbt oder in den Waffen einübt.

§ 85.(65) Wer öffentlich vor einer Menschenmenge, oder wer durch Verbreitung oder öffentlichen Anschlag oder öffentliche Ausstellung von Schriften oder anderen Darstellungen zur Ausführung einer nach § 82. strafbaren Handlung auffordert, wird mit Zuchthaus bis zu zehn Jahren oder Festungshaft von gleicher Dauer bestraft. — §§ 110, 111.

Sind mildernde Umstände vorhanden, so tritt Festungshaft von einem bis zu fünf Jahren ein.

§ 86.(66) Jede andere, ein hochverrätherisches Unternehmen vorbereitende Handlung wird mit Zuchthaus bis zu drei Jahren oder Festungshaft von gleicher Dauer bestraft.

Sind mildernde Umstände vorhanden, so tritt Festungshaft von sechs Monaten bis zu drei Jahren ein.

§ 87.(67) Ein Norddeutscher, welcher sich mit einer ausländischen Regierung einläßt, um dieselbe zu einem Kriege gegen den Norddeutschen Bund zu veranlassen, wird wegen Landesverraths mit Zuchthaus nicht unter fünf Jahren und, wenn der Krieg ausgebrochen ist, mit lebenslänglichem Zuchthaus bestraft.

Sind mildernde Umstände vorhanden, so tritt Festungshaft von sechs Monaten bis zu fünf Jahren und, wenn der Krieg ausgebrochen ist, Festungshaft nicht unter fünf Jahren ein.

Neben der Festungshaft kann auf Verlust der bekleideten öffentlichen Aemter, sowie der aus öffentlichen Wahlen hervorgegangenen Rechte erkannt werden.

§ 88.(68) Ein Norddeutscher, welcher während eines gegen den Norddeutschen Bund ausgebrochenen Krieges im feindlichen Heere Dienste nimmt und die Waffen gegen den Norddeutschen Bund oder dessen Bundesgenossen trägt, wird wegen Landesverraths mit lebenslänglichem Zuchthaus oder lebenslänglicher Festungshaft bestraft. Sind mildernde Umstände vorhanden, so tritt Festungsstrafe nicht unter fünf Jahren ein. — E. G. § 4.

Ein Norddeutscher, welcher schon früher in fremden Kriegsdiensten stand, wird, wenn er nach Ausbruch des Krieges in denselben verbleibt und die Waffen gegen den Norddeutschen Bund oder dessen Bundesgenossen trägt, wegen Landesverraths mit Zuchthaus von zwei bis zu zehn Jahren oder mit Festungshaft von gleicher Dauer bestraft. Sind mildernde Umstände vorhanden, so tritt Festungshaft ein.

Neben der Festungshaft kann auf Verlust der bekleideten öffentlichen Aemter, sowie der aus öffentlichen Wahlen hervorgegangenen Rechte erkannt werden.

In Abs. 2 wird die Festungshaft bei mildernden Umständen den Höchstbetrag der ordentlichen Strafe (zehn Jahre) nicht übersteigen können, wie dieses in Folge der Reichstagsbeschlüsse (§ 17) möglich wäre.

§ 89.(69) Ein Norddeutscher, welcher vorsätzlich während eines gegen den Norddeutschen Bund ausgebrochenen Krieges einer feindlichen Macht Vorschub leistet oder den Truppen des Norddeutschen Bundes oder der Bundesgenossen desselben Nachtheil zufügt, wird wegen Landesverraths mit Zuchthaus bis zu zehn Jahren oder mit Festungshaft von gleicher Dauer bestraft.

Sind mildernde Umstände vorhanden, so tritt Festungshaft bis zu zehn Jahren ein.

Neben der Festungshaft kann auf Verlust der bekleideten öffentlichen Aemter, sowie der aus öffentlichen Wahlen hervorgegangenen Rechte erkannt werden.

§ 90.(69 A. 2) Lebenslängliche Zuchthausstrafe trifft einen Norddeutschen, welcher vorsätzlich während eines gegen den Norddeutschen Bund ausgebrochenen Krieges

1) Festungen, Pässe, besetzte Plätze oder andere Vertheidigungsposten, ingleichen Norddeutsche oder verbündete Truppen oder einzelne Offiziere oder Soldaten in feindliche Gewalt bringt;

2) Festungswerke, Schiffe oder andere Fahrzeuge der Kriegsmarine, Kassen, Zeughäuser, Magazine oder andere Vorräthe von Waffen, Schießbedarf oder andere(n) Kriegsbedürfnisse(n)* in feindliche Gewalt bringt oder dieselben, sowie Brücken und Eisenbahnen zum Vortheile des Feindes zerstört oder unbrauchbar macht;

* Die Fortlassung des „n" beruht auf einem in 3. Lesung des Reichstages entstandenen Druckfehler.

3) dem Feinde Mannschaften zuführt oder Soldaten des Norddeutschen oder verbündeten Heeres verleitet, zum Feinde überzugehen;

4) Operationspläne oder Pläne von Festungen oder festen Stellungen dem Feinde mittheilt;

5) dem Feinde als Spion dient oder feindliche Spione aufnimmt, verbirgt oder ihnen Beistand leistet, oder

6) einen Aufstand unter den Norddeutschen oder verbündeten Truppen erregt. — E. G. § 4.

Sind mildernde Umstände vorhanden, so tritt Festungshaft nicht unter fünf Jahren ein.

Neben der Festungshaft kann auf Verlust der bekleideten öffentlichen Aemter, sowie der aus öffentlichen Wahlen hervorgegangenen Rechte erkannt werden.

§ 91.(70) Gegen Ausländer ist wegen der in den §§ 87, 89 und 90 bezeichneten Handlungen nach dem Kriegsgebrauche zu verfahren. — § 4 No. 1.

Begehen sie aber solche Handlungen, während sie unter dem Schutze des Norddeutschen Bundes oder eines Bundesstaats sich innerhalb des Bundesgebietes aufhalten, so kommen die in den §§ 87, 89 und 90 bestimmten Strafen zur Anwendung.

§ 92.(71) Wer vorsätzlich

1) Staatsgeheimnisse oder Festungspläne, oder solche Urkunden, Aktenstücke oder Nachrichten, von denen er weiß, daß ihre Geheimhaltung einer anderen Regierung gegenüber für das Wohl des Norddeutschen Bundes oder eines Bundesstaats erforderlich ist, dieser Regierung mittheilt oder öffentlich bekannt macht;

2) zur Gefährdung der Rechte des Norddeutschen Bundes oder eines Bundesstaats im Verhältniß zu einer anderen Regierung die über solche Rechte sprechenden Urkunden oder Beweismittel vernichtet, verfälscht oder unterdrückt, oder

3) ein ihm von Seiten des Norddeutschen Bundes oder von einem Bundesstaate aufgetragenes Staatsgeschäft mit einer anderen Regierung zum Nach-

theile dessen führt, der ihm den Auftrag ertheilt hat,

wird mit Zuchthaus nicht unter zwei Jahren bestraft.

Sind mildernde Umstände vorhanden, so tritt Festungshaft nicht unter sechs Monaten ein.

§ 93.(73) Wenn in den Fällen der §§ 80, 81, 83, 84, 87 bis 92 die Untersuchung eröffnet wird, so kann bis zu deren rechtskräftigen Beendigung das Vermögen, welches der Angeschuldigte besitzt, oder welches ihm später anfällt, mit Beschlag belegt werden.

Zweiter Abschnitt.

Beleidigung des Landesherrn.

§ 94.(74) Wer einer Thätlichkeit gegen das Bundesoberhaupt, gegen seinen Landesherrn oder während seines Aufenthalts in einem Bundesstaate einer Thätlichkeit gegen den Landesherrn dieses Staats sich schuldig macht, wird mit lebenslänglichem Zuchthaus oder lebenslänglicher Festungshaft, in minder schweren Fällen mit Zuchthaus nicht unter fünf Jahren oder mit Festungshaft von gleicher Dauer bestraft. Neben der Festungshaft kann auf Verlust der bekleideten öffentlichen Aemter, sowie der aus öffentlichen Wahlen hervorgegangenen Rechte erkannt werden. — § 4 No. 2.

Sind mildernde Umstände vorhanden, so tritt Festungshaft nicht unter fünf Jahren ein.

Die Worte „gegen das Bundesoberhaupt" sind in §§ 94. 95 durch Beschluß des Reichstags (Amendement v. Levetzow, Drucks. No. 55. II.) aufgenommen. St. B. S. 378—380.

§ 95.(75) Wer das Bundesoberhaupt, seinen Landesherrn oder während seines Aufenthalts in einem Bundesstaate dessen Landesherrn beleidigt, wird mit Gefängniß nicht unter zwei Monaten oder mit Festungshaft bis zu fünf Jahren bestraft. — § 4 No. 2.

Neben der Gefängnißstrafe kann auf Verlust der bekleideten öffentlichen Aemter, sowie der aus öffentlichen Wahlen hervorgegangenen Rechte erkannt werden.

§ 96.(76) Wer einer Thätlichkeit gegen ein Mitglied des landesherrlichen Hauses seines Staats oder gegen den Regenten seines Staats oder während seines Aufenthalts in einem Bundesstaate einer Thätlichkeit gegen ein Mitglied des landesherrlichen Hauses dieses Staats oder gegen den Regenten dieses Staats sich schuldig macht, wird mit Zuchthaus nicht unter fünf Jahren oder mit Festungshaft von gleicher Dauer, in minder schweren Fällen mit Zuchthaus bis zu fünf Jahren oder mit Festungshaft von gleicher Dauer bestraft.

Sind mildernde Umstände vorhanden, so tritt Festungshaft von einem bis zu fünf Jahren ein.

§ 97.(77) Wer ein Mitglied des landesherrlichen Hauses seines Staats oder den Regenten seines Staats oder während seines Aufenthalts in einem Bundesstaate ein Mitglied des landesherrlichen Hauses dieses Staats oder den Regenten dieses Staats beleidigt, wird mit Gefängniß von einem Monat bis zu drei Jahren oder mit Festungshaft von gleicher Dauer bestraft.

Dritter Abschnitt.

Beleidigung von Bundesfürsten.

§ 98. Wer außer dem Falle des § 94 sich einer Thätlichkeit gegen einen Bundesfürsten schuldig macht, wird mit Zuchthaus von zwei bis zu zehn Jahren oder mit Festungshaft von gleicher Dauer bestraft. — § 4 No. 2.

Sind mildernde Umstände vorhanden, so tritt Festungshaft von sechs Monaten bis zu zehn Jahren ein.

§ 99. Wer außer dem Falle des § 95 einen Bundesfürsten beleidigt, wird mit Gefängniß von einem Monat bis zu drei Jahren oder mit Festungshaft von gleicher Dauer bestraft. — § 4 No. 2.

Die Verfolgung tritt nur mit Ermächtigung des Beleidigten ein.

§ 100. Wer außer dem Falle des § 96 sich einer Thätlichkeit gegen ein Mitglied eines bundesfürstlichen Hauses oder den Regenten eines Bundesstaats schuldig macht, wird mit Zuchthaus bis zu fünf Jahren oder mit Festungshaft von gleicher Dauer bestraft.

Sind mildernde Umstände vorhanden, so tritt Festungshaft von einem Monat bis zu drei Jahren ein.

§ 101. Wer außer dem Falle des § 97 den Regenten eines Bundesstaats beleidigt, wird mit Gefängniß von einer Woche bis zu zwei Jahren oder mit Festungshaft von gleicher Dauer bestraft.

Die Verfolgung tritt nur mit Ermächtigung des Beeidigten ein.

Vierter Abschnitt.

Feindliche Handlungen gegen befreundete Staaten.

§ 102.(78) Ein Norddeutscher, welcher im Inlande oder Auslande, oder ein Ausländer, welcher während seines Aufenthalts im Inlande gegen einen nicht zum Norddeutschen Bunde gehörenden Deutschen Staat oder dessen Landesherrn eine Handlung vornimmt, die, wenn er sie gegen einen Bundesstaat oder einen Bundesfürsten begangen hätte, nach Vorschrift der §§ 80 bis 86 zu bestrafen sein würde, wird in den Fällen der §§ 80 bis 84 mit Festungshaft von einem bis zu zehn Jahren oder, wenn mildernde Umstände vorhanden sind, mit Festungshaft nicht unter sechs Monaten, in den Fällen der §§ 85 und 86 mit Festungshaft von einem Monat bis zu drei Jahren bestraft.

Dieselbe Strafe tritt ein, wenn die Handlung gegen einen anderen Staat oder dessen Landesherrn begangen wurde, sofern in diesem Staate nach veröffentlichten Staatsverträgen oder nach Gesetzen dem Norddeutschen Bunde die Gegenseitigkeit verbürgt ist.

Die Verfolgung tritt nur auf Antrag der auswärtigen Regierung ein.

§ 103.(79) Wer sich gegen den Landesherrn oder den Regenten eines nicht zum Norddeutschen Bunde gehörenden Deutschen Staats einer Beleidigung schuldig macht, wird mit Gefängniß von einem Monat bis zu zwei

Jahren oder mit Festungshaft von gleicher Dauer bestraft.

Dieselbe Strafe tritt ein, wenn die Beleidigung gegen den Landesherrn oder den Regenten eines anderen Staats begangen wurde, sofern in diesem Staate nach veröffentlichten Staatsverträgen oder nach Gesetzen dem Norddeutschen Bunde die Gegenseitigkeit verbürgt ist.

Die Verfolgung tritt nur auf Antrag der auswärtigen Regierung ein.

§ 104.(80) Wer sich gegen einen bei dem Bunde, einem bundesfürstlichen Hofe oder bei dem Senate einer der freien Hansestädte beglaubigten Gesandten oder Geschäftsträger einer Beleidigung schuldig macht, wird mit Gefängniß bis zu einem Jahre oder mit Festungshaft von gleicher Dauer bestraft.

Die Verfolgung tritt nur auf Antrag des Beleidigten ein.

Fünfter Abschnitt.

Verbrechen und Vergehen in Beziehung auf die Ausübung staatsbürgerlicher Rechte.

§ 105.(82) Wer es unternimmt, den Senat oder die Bürgerschaft einer der freien Hansestädte, eine gesetzgebende Versammlung des Bundes, des Zollvereins oder eines Bundesstaats auseinander zu sprengen, zur Fassung oder Unterlassung von Beschlüssen zu nöthigen oder Mitglieder aus ihnen gewaltsam zu entfernen, wird mit Zuchthaus nicht unter fünf Jahren oder mit Festungshaft von gleicher Dauer bestraft.

Sind mildernde Umstände vorhanden, so tritt Festungshaft nicht unter einem Jahre ein.

§ 106.(83) Wer ein Mitglied einer der vorbezeichneten Versammlungen durch Gewalt oder durch Bedrohung mit einer strafbaren Handlung verhindert, sich an den Ort der Versammlung zu begeben oder zu stimmen, wird mit Zuchthaus bis zu fünf Jahren oder mit Festungshaft von gleicher Dauer bestraft. — § 339 A. 3.

Sind mildernde Umstände vorhanden, so tritt Festungshaft bis zu zwei Jahren ein.

§ 107.(84) Wer einen Norddeutschen durch Gewalt oder durch Bedrohung mit einer strafbaren Handlung verhindert, in Ausübung seiner staatsbürgerlichen Rechte zu wählen oder zu stimmen, wird mit Gefängniß nicht unter sechs Monaten oder mit Festungshaft bis zu fünf Jahren bestraft. — § 339 A. 3.

Der Versuch ist strafbar.

§ 108.(85) Wer in einer öffentlichen Angelegenheit mit der Sammlung von Wahl- oder Stimm-Zetteln oder -Zeichen oder mit der Führung der Beurkundungsverhandlung beauftragt, ein unrichtiges Ergebniß der Wahlhandlung vorsätzlich herbeiführt oder das Ergebniß verfälscht, wird mit Gefängniß von einer Woche bis zu drei Jahren bestraft.

Wird die Handlung von Jemand begangen, welcher nicht mit der Sammlung der Zettel oder Zeichen oder einer anderen Verrichtung bei dem Wahlgeschäfte beauftragt ist, so tritt Gefängnißstrafe bis zu zwei Jahren ein.

Auch kann auf Verlust der bürgerlichen Ehrenrechte erkannt werden.

§ 109.(86) Wer in einer öffentlichen Angelegenheit eine Wahlstimme kauft oder verkauft, wird mit Gefängniß von einem Monate bis zu zwei Jahren bestraft; auch kann auf Verlust der bürgerlichen Ehrenrechte erkannt werden.

Sechster Abschnitt.

Widerstand gegen die Staatsgewalt.

§ 110.(87) Wer öffentlich vor einer Menschenmenge, oder wer durch Verbreitung oder öffentlichen Anschlag oder öffentliche Ausstellung von Schriften oder anderen Darstellungen zum Ungehorsam gegen Gesetze oder rechtsgültige Verordnungen oder gegen die von der Obrigkeit innerhalb ihrer Zuständigkeit getroffenen Anordnungen auffordert, wird mit Geldstrafe bis zu zweihundert Thalern oder mit Gefängniß bis zu zwei Jahren bestraft. — §§ 85, 111.

Ueber den Begriff der Oeffentlichkeit vgl. Motive zu Abschn. VII. S. 86—88.

§ 111.(36) Wer auf die vorbezeichnete Weise zur Begehung einer strafbaren Handlung auffordert, ist gleich dem Anstifter zu bestrafen, wenn die Aufforderung die strafbare Handlung oder einen strafbaren Versuch derselben zur Folge gehabt hat. — § 48.

Ist die Aufforderung ohne Erfolg geblieben, so tritt Geldstrafe bis zu zweihundert Thalern oder Gefängnißstrafe bis zu einem Jahre ein. Die Strafe darf jedoch, der Art oder dem Maße nach, keine schwerere sein, als die auf die Handlung selbst angedrohte. — §§ 85, 110.

§ 112.(88) Wer eine Person des Soldatenstandes, es sei des Bundesheeres oder der Bundesmarine, auffordert oder anreizt, dem Befehle des Oberen nicht Gehorsam zu leisten, wer insbesondere eine Person, welche zum Beurlaubtenstande gehört, auffordert oder anreizt, der Einberufung zum Dienste nicht zu folgen, wird mit Gefängniß bis zu zwei Jahren bestraft.

§ 113.(89) Wer einem Beamten, welcher zur Vollstreckung von Gesetzen, von Befehlen und Anordnungen der Verwaltungsbehörden oder von Urtheilen und Verfügungen der Gerichte berufen ist, in der rechtmäßigen Ausübung seines Amtes durch Gewalt oder durch Bedrohung mit Gewalt Widerstand leistet, oder wer einen solchen Beamten während der rechtmäßigen Ausübung seines Amtes thätlich angreift, wird mit Gefängniß bis zu zwei Jahren oder mit Geldstrafe bis zu fünfhundert Thalern bestraft.

Dieselbe Strafe tritt ein, wenn die Handlung gegen Personen, welche zur Unterstützung des Beamten zugezogen waren, oder gegen Mannschaften der bewaffneten Macht oder gegen Mannschaften einer Gemeinde-, Schutz- oder Bürgerwehr in Ausübung des Dienstes begangen wird.

§ 114.(90) Wer es unternimmt, durch Gewalt oder Drohung eine Behörde oder einen Beamten zur Vornahme oder Unterlassung einer Amtshandlung zu nöthigen, wird mit Gefängniß bestraft.

§ 115.(91) Wer an einer öffentlichen Zusammenrottung, bei welcher eine der in den §§ 113 und 114 bezeichneten Handlungen mit vereinten Kräften begangen wird, Theil nimmt, wird wegen Aufruhrs mit Gefängniß nicht unter sechs Monaten bestraft.

Die Rädelsführer, sowie diejenigen Aufrührer, welche eine der in den §§ 113 und 114 bezeichneten Handlungen begehen, werden mit Zuchthaus bis zu zehn Jahren bestraft; auch kann auf Zulässigkeit von Polizei-Aufsicht erkannt werden. Sind mildernde Umstände vorhanden, so tritt Gefängnißstrafe nicht unter sechs Monaten ein.

§ 116.(92) Wird eine auf öffentlichen Wegen, Straßen oder Plätzen versammelte Menschenmenge von dem zuständigen Beamten oder Befehlshaber der bewaffneten Macht aufgefordert, sich zu entfernen, so wird jeder der Versammelten, welcher nach der dritten Aufforderung sich nicht entfernt, wegen Auflaufs mit Gefängniß bis zu drei Monaten oder mit Geldstrafe bis zu fünfhundert Thalern bestraft.

Ist bei einem Auflaufe gegen die Beamten oder die bewaffnete Macht mit vereinten Kräften thätlicher Widerstand geleistet oder Gewalt verübt worden, so treten gegen diejenigen, welche an diesen Handlungen Theil genommen haben, die Strafen des Aufruhrs ein.

§ 117. Wer einem Forst- oder Jagdbeamten, einem Waldeigenthümer, Forst- oder Jagdberechtigten, oder einem von diesen bestellten Aufseher, in der rechtmäßigen Ausübung seines Amtes oder Rechtes durch Gewalt oder durch Bedrohung mit Gewalt Widerstand leistet, oder wer eine dieser Personen während der Ausübung ihres Amtes oder Rechtes thätlich angreift, wird mit Gefängniß bis zu drei Jahren bestraft.

Ist der Widerstand oder der Angriff unter Drohung

mit Schießgewehr, Aexten oder anderen gefährlichen Werkzeugen erfolgt, oder mit Gewalt an der Person begangen worden, so tritt Gefängnißstrafe nicht unter einem Monat ein.

Die §§ 117—119 sind unter wesentlichen Abänderungen dem Preußischen Gesetze über die Strafe der Widersetzlichkeiten bei Forst- und Jagdverbrechen vom 31. März 1837 (Pr. G. S. S. 67) entnommen.

§ 118. Ist durch den Widerstand oder den Angriff eine Körperverletzung dessen, gegen welchen die Handlung begangen ist, verursacht worden, so ist auf Zuchthaus bis zu zehn Jahren zu erkennen.

Sind mildernde Umstände vorhanden, so tritt Gefängnißstrafe nicht unter drei Monaten ein.

§ 119. Wenn eine der in den §§ 117 und 118 bezeichneten Handlungen von Mehreren gemeinschaftlich begangen worden ist, so kann die Strafe bis um die Hälfte des angedrohten Höchstbetrages, die Gefängnißstrafe jedoch nicht über fünf Jahre erhöht werden.

§ 120.(94) Wer einen Gefangenen aus der Gefangenanstalt oder aus der Gewalt der bewaffneten Macht, des Beamten oder desjenigen, unter dessen Beaufsichtigung, Begleitung oder Bewachung er sich befindet, vorsätzlich befreit oder ihm zur Selbstbefreiung vorsätzlich behülflich ist, wird mit Gefängniß bis zu drei Jahren bestraft.

Der Versuch ist strafbar.

§ 121.(95) Wer vorsätzlich einen Gefangenen, mit dessen Beaufsichtigung oder Begleitung er beauftragt ist, entweichen läßt oder dessen Befreiung befördert, wird mit Gefängniß bis zu drei Jahren bestraft. — § 347.

Ist die Entweichung durch Fahrlässigkeit befördert

worden, so tritt Gefängnißstrafe bis zu drei Monaten oder Geldstrafe bis zu einhundert Thalern ein. — § 347.

§ 122.(96) Gefangene, welche sich zusammenrotten und mit vereinten Kräften die Anstaltsbeamten oder die mit der Beaufsichtigung Beauftragten angreifen, denselben Widerstand leisten oder es unternehmen, sie zu Handlungen oder Unterlassungen zu nöthigen, werden wegen Meuterei mit Gefängniß nicht unter sechs Monaten bestraft.

Gleiche Strafe tritt ein, wenn Gefangene sich zusammenrotten und mit vereinten Kräften einen gewaltsamen Ausbruch unternehmen.

Diejenigen Meuterer, welche Gewaltthätigkeiten gegen die Anstaltsbeamten oder die mit der Beaufsichtigung Beauftragten verüben, werden mit Zuchthaus bis zu zehn Jahren bestraft; auch kann auf Zulässigkeit von Polizei-Aufsicht erkannt werden.

Siebenter Abschnitt.

Verbrechen und Vergehen wider die öffentliche Ordnung.

Oeffentlichkeit vgl. Motive zu diesem Abschnitt S. 86—88.

§ 123.(346 No. 1, 214) Wer in die Wohnung, in die Geschäftsräume oder in das befriedete Besitzthum eines Anderen oder in abgeschlossene Räume, welche zum öffentlichen Dienst bestimmt sind, widerrechtlich eindringt, oder wer, wenn er ohne Befugniß darin verweilt, auf die Aufforderung des Berechtigten sich nicht entfernt, wird wegen Hausfriedensbruches mit Gefängniß bis zu drei Monaten oder mit Geldstrafe bis zu einhundert Thalern bestraft

Die Verfolgung tritt nur auf Antrag ein.

Ist die Handlung von einer mit Waffen versehenen Person oder von Mehreren gemeinschaftlich begangen worden, so tritt Gefängnißstrafe von einer Woche bis zu einem Jahre ein.

§ 124.(214) Wenn sich eine Menschenmenge öffentlich zusammenrottet und in der Absicht, Gewaltthätigkeiten gegen Personen oder Sachen mit vereinten Kräften zu begehen, in die Wohnung, in die Geschäftsräume oder in das befriedete Besitzthum eines Anderen oder in abgeschlossene Räume, welche zum öffentlichen Dienste bestimmt sind, widerrechtlich eindringt, so wird jeder, welcher an diesen Handlungen Theil nimmt, mit Gefängniß von einem Monat bis zu zwei Jahren bestraft.

§ 125.(284) Wenn sich eine Menschenmenge öffentlich zusammenrottet und mit vereinten Kräften gegen Personen oder Sachen Gewaltthätigkeiten begeht, so wird jeder, welcher an dieser Zusammenrottung Theil nimmt, wegen Landfriedensbruches mit Gefängniß nicht unter drei Monaten bestraft.

Die Rädelsführer, sowie diejenigen, welche Gewaltthätigkeiten gegen Personen begangen oder Sachen geplündert, vernichtet oder zerstört haben, werden mit Zuchthaus bis zu zehn Jahren bestraft; auch kann auf Zulässigkeit von Polizei-Aufsicht erkannt werden. Sind mildernde Umstände vorhanden, so tritt Gefängnißstrafe nicht unter sechs Monaten ein.

§ 126.(213) Wer durch Androhung eines gemeingefährlichen Verbrechens den öffentlichen Frieden stört, wird mit Gefängniß bis zu einem Jahre bestraft. — § 241.

§ 127.(97) Wer unbefugterweise einen bewaffneten Haufen bildet oder befehligt oder eine Mannschaft, von der er weiß, daß sie ohne gesetzliche Befugniß gesammelt ist, mit Waffen oder Kriegsbedürfnissen versieht, wird mit Gefängniß bis zu zwei Jahren bestraft.

Wer sich einem solchen bewaffneten Haufen anschließt, wird mit Gefängniß bis zu einem Jahre bestraft.

§ 128.(98) Die Theilnahme an einer Verbindung, deren Dasein, Verfassung oder Zweck vor der Staatsregierung geheim gehalten werden soll, oder in welcher gegen unbekannte Obere Gehorsam oder gegen bekannte Obere unbedingter Gehorsam versprochen wird, ist an den Mitgliedern mit Gefängniß bis zu sechs Monaten, an den Stiftern und Vorstehern der Verbindung mit Gefängniß von einem Monat bis zu einem Jahre zu bestrafen.

Gegen Beamte kann auf Verlust der Fähigkeit zur Bekleidung öffentlicher Aemter auf die Dauer von einem bis zu fünf Jahren erkannt werden. — §§ 35, 36.

§ 129.(99) Die Theilnahme an einer Verbindung, zu deren Zwecken oder Beschäftigungen gehört, Maßregeln der Verwaltung oder die Vollziehung von Gesetzen durch ungesetzliche Mittel zu verhindern oder zu entkräften, ist an den Mitgliedern mit Gefängniß bis zu einem Jahre, an den Stiftern und Vorstehern der Verbindung mit Gefängniß von drei Monaten bis zu zwei Jahren zu bestrafen.

Gegen Beamte kann auf Verlust der Fähigkeit zur Bekleidung öffentlicher Aemter auf die Dauer von einem bis zu fünf Jahren erkannt werden. — §§ 35, 36.

§ 130.(100) Wer in einer den öffentlichen Frieden gefährdenden Weise verschiedene Klassen der Bevölkerung zu Gewaltthätigkeiten gegen einander öffentlich anreizt, wird mit Geldstrafe bis zu zweihundert Thalern oder mit Gefängniß bis zu zwei Jahren bestraft.

§ 131.(101) Wer erdichtete oder entstellte Thatsachen, wissend, daß sie erdichtet oder entstellt sind, öffentlich behauptet oder verbreitet, um dadurch Staatseinrichtungen oder Anordnungen der Obrigkeit verächtlich zu machen, wird mit Geldstrafe bis zu zweihundert Thalern oder mit Gefängniß bis zu zwei Jahren bestraft. — § 59.

Ueber §§ 130, 131 vgl. den Exkurs in Anhang V. der Motive S. 221—236.

§ 132.(104) Wer unbefugt sich mit Ausübung eines öffentlichen Amtes befaßt oder eine Handlung vornimmt, welche nur kraft eines öffentlichen Amtes vorgenommen werden darf, wird mit Gefängniß bis zu einem Jahre oder mit Geldstrafe bis zu einhundert Thalern bestraft.

§ 133.(106) Wer eine Urkunde, ein Register, Akten oder einen sonstigen Gegenstand, welche sich zur amtlichen Aufbewahrung an einem dazu bestimmten Orte befinden, oder welche einem Beamten oder einem Dritten amtlich übergeben worden sind, vorsätzlich vernichtet, bei Seite schafft oder beschädigt, wird mit Gefängniß bestraft. — §§ 303, 348.

Ist die Handlung in gewinnsüchtiger Absicht begangen, so tritt Gefängnißstrafe nicht unter drei Monaten ein; auch kann auf Verlust der bürgerlichen Ehrenrechte erkannt werden.

§ 134.(107) Wer öffentlich angeschlagene Bekanntmachungen, Verordnungen, Befehle oder Anzeigen von Behörden oder Beamten böswillig abreißt, beschädigt oder verunstaltet, wird mit Geldstrafe bis zu einhundert Thalern oder mit Gefängniß bis zu sechs Monaten bestraft.

§ 135.(93 No. 3) Wer ein öffentliches Zeichen der Autorität des Norddeutschen Bundes oder eines Bundesfürsten oder ein Hoheitszeichen eines Bundesstaats böswillig wegnimmt, zerstört oder beschädigt, wird mit Geldstrafe bis zu zweihundert Thalern oder mit Gefängniß bis zu zwei Jahren bestraft.

§ 136.(108) Wer unbefugt ein amtliches Siegel, welches von einer Behörde oder einem Beamten angelegt ist, um Sachen zu verschließen, zu bezeichnen oder in Beschlag zu nehmen, vorsätzlich erbricht, ablöst oder beschädigt oder den durch ein solches Siegel bewirkten amtlichen Verschluß aufhebt, wird mit Gefängniß bis zu sechs Monaten bestraft.

§ 137.(272) Wer Sachen, welche durch die zuständigen Behörden oder Beamten gepfändet oder in Beschlag genommen worden sind, vorsätzlich bei Seite schafft, zerstört oder in anderer Weise der Verstrickung ganz oder theilweise entzieht, wird mit Gefängniß bis zu einem Jahre bestraft. — §§ 288, 289.

§ 138.(109) Wer als Zeuge, Geschworener oder Schöffe berufen, eine unwahre Thatsache als Entschuldigung vorschützt, wird mit Gefängniß bis zu zwei Monaten bestraft.

Dasselbe gilt von einem Sachverständigen, welcher zum Erscheinen gesetzlich verpflichtet ist.

Die auf das Nichterscheinen gesetzten Ordnungsstrafen werden durch vorstehende Strafbestimmung nicht ausgeschlossen.

§ 139.(39) Wer von dem Vorhaben eines Hochverraths, Landesverraths, Münzverbrechens, Mordes, Raubes, Menschenraubes oder eines gemeingefährlichen Verbrechens zu einer Zeit, in welcher die Verhütung des Verbrechens möglich ist, glaubhafte Kenntniß erhält und es unterläßt, hiervon der Behörde oder der durch das Verbrechen bedrohten Person zur rechten Zeit Anzeige zu machen, ist. wenn das Verbrechen oder ein strafbarer Versuch desselben begangen worden ist, mit Gefängniß zu bestrafen.

§ 140.(110) Wer dem Eintritte in den Dienst des stehenden Heeres oder der Flotte sich dadurch zu entziehen sucht, daß er ohne Erlaubniß entweder das Bundesgebiet verläßt oder nach erreichtem militärpflichtigen Alter sich außerhalb des Bundesgebietes aufhält, wird mit einer Geldstrafe von funfzig bis zu eintausend Thalern oder mit Gefängniß von einem Monat bis zu einem Jahre bestraft.

Das Vermögen des Angeschuldigten kann, insoweit als es nach dem Ermessen des Richters zur Deckung der den Angeschuldigten möglicherweise treffenden höchsten Geldstrafe und der Kosten des Verfahrens erforderlich ist, mit Beschlag belegt werden.

Vgl. § 360 No. 3; Bundesgesetz über die Verpflichtung zum Kriegsdienste vom 9. November 1867 §§ 15. 6. B.G.B. S. 132; Vertrag mit den Vereinigten Staaten von Amerika vom 22. Febr. 1868. Art. 1. B.G.B. S. 228.

§ 141.(111) Wer einen Norddeutschen zum Militärdienste einer ausländischen Macht anwirbt oder den Werbern der letzteren zuführt, ingleichen wer einen Norddeutschen Soldaten vorsätzlich zum Desertiren verleitet oder die Desertion desselben vorsätzlich befördert, wird mit Gefängniß von drei Monaten bis zu drei Jahren bestraft.

Der Versuch ist strafbar.

§ 142.(113 A. 1) Wer sich vorsätzlich durch Selbstverstümmelung oder auf andere Weise zur Erfüllung der Wehrpflicht untauglich macht oder durch einen Anderen untauglich machen läßt, wird mit Gefängniß nicht unter einem Jahre bestraft; auch kann auf Verlust der bürgerlichen Ehrenrechte erkannt werden.

Dieselbe Strafe trifft denjenigen, welcher einen Anderen auf dessen Verlangen zur Erfüllung der Wehrpflicht untauglich macht.

§ 143.(113 A. 2) Wer in der Absicht, sich der Erfüllung der Wehrpflicht ganz oder theilweise zu entziehen, auf Täuschung berechnete Mittel anwendet, wird mit Gefängniß bestraft; auch kann auf Verlust der bürgerlichen Ehrenrechte erkannt werden.

Dieselbe Strafvorschrift findet auf den Theilnehmer Anwendung. — §§ 48, 49.

§ 144.(114) Wer es sich zum Geschäfte macht, Norddeutsche unter Vorspiegelung falscher Thatsachen oder wissentlich mit unbegründeten Angaben zur Auswanderung zu verleiten, wird mit Gefängniß von einem Monat bis zu zwei Jahren bestraft.

§ 145. Wer die vom Bundes-Präsidium zur Verhütung des Zusammenstoßens der Schiffe auf See erlassenen Verordnungen übertritt, wird mit Geldstrafe bis zu fünfhundert Thalern bestraft.

Vgl. Motive S. 92.

Achter Abschnitt.

Münzverbrechen und Münzvergehen.

§ 146.(121) Wer inländisches oder ausländisches Metallgeld oder Papiergeld nachmacht, um das nachgemachte Geld als echtes zu gebrauchen oder sonst in Verkehr zu bringen, oder wer in gleicher Absicht echtem Gelde durch Veränderung an demselben den Schein eines höheren Werths oder verrufenem Gelde durch Veränderung an demselben das Ansehen eines noch geltenden gibt, wird mit Zuchthaus nicht unter zwei Jahren bestraft; auch ist Polizei-Aufsicht zulässig.

Sind mildernde Umstände vorhanden, so tritt Gefängnißstrafe ein.

Vgl. wegen der im Auslande begangenen Münzverbrechen § 4 No. 1, 2.

§ 147.(122) Dieselben Strafbestimmungen finden auf denjenigen Anwendung, welcher das von ihm auch ohne die vorbezeichnete Absicht nachgemachte oder verfälschte Geld als echtes in Verkehr bringt, sowie auf denjenigen, welcher nachgemachtes oder verfälschtes Geld sich verschafft und solches entweder in Verkehr bringt oder zum Zwecke der Verbreitung aus dem Auslande einführt.

§ 148.(123) Wer nachgemachtes oder verfälschtes Geld als echtes empfängt und nach erkannter Unechtheit als echtes in Verkehr bringt, wird mit Gefängniß bis zu drei Monaten oder mit Geldstrafe bis zu einhundert Thalern bestraft.

Der Versuch ist strafbar.

§ 149.(124) Dem Papiergelde werden gleich geachtet die auf den Inhaber lautenden Schuldverschreibungen, Banknoten, Aktien oder deren Stelle vertretende Interimsscheine oder Quittungen, sowie die zu diesen Papieren gehörenden Zins-, Gewinnantheils- oder Erneuerungsscheine, welche von dem Norddeutschen Bunde, einem Bundesstaate oder fremden Staate oder von einer zur Ausgabe solcher Papiere berechtigten Gemeinde, Korporation, Gesellschaft oder Privatperson ausgestellt sind.

§ 150.(243 No. 3, 4) Wer echte, zum Umlaufe bestimmte Metallgeldstücke durch Beschneiden, Abfeilen oder auf andere Art verringert und als vollgültig in Verkehr bringt, oder wer solche verringerte Münzen gewohnheitsmäßig oder im Einverständnisse mit dem, welcher sie verringert hat, als vollgültig in Verkehr bringt, wird mit Gefängniß bestraft, neben welchem auf Geldstrafe bis zu eintausend Thalern, sowie auf Verlust der bürgerlichen Ehrenrechte erkannt werden kann.

Der Versuch ist strafbar.

§ 151. Wer Stempel, Siegel, Stiche, Platten oder andere zur Anfertigung von Metallgeld, Papiergeld oder dem letzteren gleich geachteten Papieren dienliche Formen zum Zwecke eines Münzverbrechens angeschafft oder angefertigt hat, wird mit Gefängniß bis zu zwei Jahren bestraft. — § 360 No. 4.

§ 152. Auf die Einziehung des nachgemachten oder verfälschten Geldes, sowie der im § 151 bezeichneten Gegenstände ist zu erkennen, auch wenn die Verfolgung oder Verurtheilung einer bestimmten Person nicht stattfindet. — §§ 40, 42.

Neunter Abschnitt.

Meineid.

§ 153.(125) Wer einen ihm zugeschobenen, zurückgeschobenen oder auferlegten Eid wissentlich falsch schwört, wird mit Zuchthaus bis zu zehn Jahren bestraft.

§ 154.(126, 127) Gleiche Strafe trifft denjenigen, welcher vor einer zur Abnahme von Eiden zuständigen Behörde wissentlich ein falsches Zeugniß oder ein falsches Gutachten mit einem Eide bekräftigt oder den vor seiner Vernehmung geleisteten Eid wissentlich durch ein falsches Zeugniß oder ein falsches Gutachten verletzt.

Ist das falsche Zeugniß oder Gutachten in einer Strafsache zum Nachtheile eines Angeschuldigten abgegeben und dieser zum Tode, zu Zuchthaus oder zu einer anderen mehr als fünf Jahre betragenden Freiheitsstrafe verurtheilt worden, so tritt Zuchthausstrafe nicht unter drei Jahren ein.

§ 155.(128) Der Ableistung eines Eides wird gleich geachtet, wenn

1) ein Mitglied einer Religionsgesellschaft, welcher das Gesetz den Gebrauch gewisser Betheuerungsformeln an Stelle des Eides gestattet, eine Erklärung unter der Betheuerungsformel seiner Religionsgesellschaft abgibt;
2) derjenige, welcher als Partei, Zeuge oder Sachverständiger einen Eid geleistet hat, in gleicher Eigenschaft eine Versicherung unter Berufung auf den bereits früher in derselben Angelegenheit ge-

leisteten Eid abgibt, oder ein Sachverständiger, welcher als solcher ein- für allemal vereidet ist, eine Versicherung auf den von ihm geleisteten Eid abgibt;

3) ein Beamter eine amtliche Versicherung unter Berufung auf seinen Diensteid abgibt.

§ 156.(129) Wer vor einer zur Abnahme einer Versicherung an Eidesstatt zuständigen Behörde eine solche Versicherung wissentlich falsch abgibt oder unter Berufung auf eine solche Versicherung wissentlich falsch aussagt, wird mit Gefängniß von einem Monat bis zu drei Jahren bestraft.

§ 157. Hat ein Zeuge oder Sachverständiger sich eines Meineides (§§ 154, 155) oder einer falschen Versicherung an Eidesstatt schuldig gemacht, so ist die an sich verwirkte Strafe auf die Hälfte bis ein Viertheil zu ermäßigen, wenn

1) die Angabe der Wahrheit gegen ihn selbst eine Verfolgung wegen eines Verbrechens oder Vergehens nach sich ziehen konnte, oder

2) der Aussagende die falsche Aussage zu Gunsten einer Person, rücksichtlich welcher er die Aussage ablehnen durfte, erstattet hat, ohne über sein Recht, die Aussage ablehnen zu dürfen, belehrt worden zu sein.

Ist hiernach Zuchthausstrafe unter einem Jahre verwirkt, so ist dieselbe nach Maßgabe des § 21. in Gefängnißstrafe zu verwandeln.

§ 158. Gleiche Strafermäßigung tritt ein, wenn derjenige, welcher sich eines Meineides oder einer falschen

Versicherung an Eidesstatt schuldig gemacht hat, bevor eine Anzeige gegen ihn erfolgt oder eine Untersuchung gegen ihn eingeleitet und bevor ein Rechtsnachtheil für einen Anderen aus der falschen Aussage entstanden ist, diese bei derjenigen Behörde, bei welcher er sie abgegeben hat, widerruft.

§ 159.(130) Wer es unternimmt, einen Anderen zur Begehung eines Meineides zu verleiten, wird mit Zuchthaus bis zu fünf Jahren, und wer es unternimmt, einen Anderen zur wissentlichen Abgabe einer falschen Versicherung an Eidesstatt zu verleiten, mit Gefängniß bis zu einem Jahre bestraft.

Vgl. §§ 48, 160 und die Note zu § 160.

§ 160. Wer einen Anderen zur Ableistung eines falschen Eides verleitet, wird mit Gefängniß bis zu zwei Jahren bestraft, neben welchem auf den Verlust der bürgerlichen Ehrenrechte erkannt werden kann, und wer einen Anderen zur Ableistung einer falschen Versicherung an Eidesstatt verleitet, wird mit Gefängniß bis zu sechs Monaten bestraft.

Der Versuch ist strafbar.

§ 160 ist vom Reichstag in dritter Lesung aufgenommen. Beim „falschen Eide (§ 160)" ist die Kenntniß der Falschheit nur Seitens des Verleiters, beim „Meineide (§ 159)" auch Seitens desjenigen, der schwören soll, die Voraussetzung der Strafbarkeit. Vgl. Drucks. 182 No. 28 und St.B. S. 1170 und Dr. Schultze: „Die Verleitung zum falschen Eide". Berlin 1870.

§ 161. Bei jeder Verurtheilung wegen Meineides, mit Ausnahme der Fälle in den §§ 157 und 158, ist auf Verlust der bürgerlichen Ehrenrechte und außerdem auf die dauernde Unfähigkeit des Verurtheilten, als Zeuge oder Sachverständiger eidlich vernommen zu werden, zu erkennen. — § 32.

In den Fällen der §§ 156 bis 159 kann neben der Gefängnißstrafe auf Verlust der bürgerlichen Ehrenrechte erkannt werden.

Auf Verlust der E. ist im Falle des A. 1. nothwendig zu erkennen; es gilt jedoch auch hier die Frist des § 32. von 1—10 J. Vgl. Motive S. 50, 55.

§ 162.(131) Wer vorsätzlich einer durch eidliches Angelöbniß vor Gericht bestellten Sicherheit oder dem in einem Offenbarungseide gegebenen Versprechen zuwiderhandelt, wird mit Gefängniß bis zu zwei Jahren bestraft.

§ 163.(132) Wenn eine der in den §§ 153 bis 156 bezeichneten Handlungen aus Fahrlässigkeit begangen worden ist, so tritt Gefängnißstrafe bis zu einem Jahre ein.

Straflosigkeit tritt ein, wenn der Thäter, bevor eine Anzeige gegen ihn erfolgt oder eine Untersuchung gegen ihn eingeleitet und bevor ein Rechtsnachtheil für einen Anderen aus der falschen Aussage entstanden ist, diese bei derjenigen Behörde, bei welcher er sie abgegeben hat, widerruft.

Zehnter Abschnitt.

Falsche Anschuldigung.

§ 164.(133) Wer bei einer Behörde eine Anzeige macht, durch welche er Jemand wider besseres Wissen der Begehung einer strafbaren Handlung oder der Verletzung einer Amtspflicht beschuldigt, wird mit Gefängniß nicht unter einem Monat bestraft; auch kann gegen denselben auf Verlust der bürgerlichen Ehrenrechte erkannt werden.

So lange ein in Folge der gemachten Anzeige eingeleitetes Verfahren anhängig ist, soll mit dem Verfahren und mit der Entscheidung über die falsche Anschuldigung inne gehalten werden. — § 69.

§ 165.(134) Wird wegen falscher Anschuldigung auf Strafe erkannt, so ist zugleich dem Verletzten die Befugniß zuzusprechen, die Verurtheilung auf Kosten des Schuldigen öffentlich bekannt zu machen. Die Art der Bekanntmachung, sowie die Frist zu derselben, ist in dem Urtheile zu bestimmen.

Dem Verletzten ist auf Kosten des Schuldigen eine Ausfertigung des Urtheils zu ertheilen.

Elfter Abschnitt.

Vergehen, welche sich auf die Religion beziehen.

§ 166.(135) Wer dadurch, daß er öffentlich in beschimpfenden Aeußerungen Gott lästert, ein Aergerniß gibt, oder wer öffentlich eine der christlichen Kirchen oder eine andere mit Korporationsrechten innerhalb des Bundesgebietes bestehende Religionsgesellschaft oder ihre Einrichtungen oder Gebräuche beschimpft, ingleichen wer in einer Kirche oder in einem anderen zu religiösen Versammlungen bestimmten Orte beschimpfenden Unfug verübt, wird mit Gefängniß bis zu drei Jahren bestraft.

§ 167.(136) Wer durch eine Thätlichkeit oder Drohung Jemand hindert, den Gottesdienst einer im Staate bestehenden Religionsgesellschaft auszuüben, ingleichen wer in einer Kirche oder in einem anderen zu religiösen Versammlungen bestimmten Orte durch Erregung von Lärm oder Unordnung den Gottesdienst oder einzelne gottesdienstliche Verrichtungen einer im Staate bestehenden Religionsgesellschaft vorsätzlich verhindert oder stört, wird mit Gefängniß bis zu drei Jahren bestraft. — § 339, A. 3.

§ 168.(137) Wer unbefugt eine Leiche aus dem Gewahrsam der dazu berechtigten Person wegnimmt, ingleichen wer unbefugt ein Grab zerstört oder beschädigt, oder wer an einem Grabe beschimpfenden Unfug verübt, wird mit Gefängniß bis zu zwei Jahren bestraft; auch kann auf Verlust der bürgerlichen Ehrenrechte erkannt werden.

Wegnahme von Theilen einer Leiche vgl. § 367 No. 1.

Zwölfter Abschnitt.

Verbrechen und Vergehen in Beziehung auf den Personenstand.

§ 169.(138) Wer ein Kind unterschiebt oder vorsätzlich verwechselt, oder wer auf andere Weise den Personenstand eines Anderen vorsätzlich verändert oder unterdrückt, wird mit Gefängniß bis zu drei Jahren und, wenn die Handlung in gewinnsüchtiger Absicht begangen wurde, mit Zuchthaus bis zu zehn Jahren bestraft.

Der Versuch ist strafbar.

§ 170. Wer bei Eingehung einer Ehe dem anderen Theile ein gesetzliches Ehehinderniß arglistig verschweigt, oder wer den anderen Theil zur Eheschließung arglistig mittels einer solchen Täuschung verleitet, welche den Getäuschten berechtigt, die Gültigkeit der Ehe anzufechten, wird, wenn aus einem dieser Gründe die Ehe aufgelöst worden ist, mit Gefängniß nicht unter drei Monaten bestraft.

Die Verfolgung tritt nur auf Antrag des getäuschten Theils ein.

Dreizehnter Abschnitt.

Verbrechen und Vergehen wider die Sittlichkeit.

§ 171.(139) Ein Ehegatte, welcher eine neue Ehe eingeht, bevor seine Ehe aufgelöst, für ungültig oder nichtig erklärt worden ist, ingleichen eine unverheirathete Person, welche mit einem Ehegatten, wissend, daß er verheirathet ist, eine Ehe eingeht, wird mit Zuchthaus bis zu fünf Jahren bestraft.

Sind mildernde Umstände vorhanden, so tritt Gefängnißstrafe nicht unter sechs Monaten ein.

Die Verjährung der Strafverfolgung beginnt mit dem Tage, an welchem eine der beiden Ehen aufgelöst, für ungültig oder nichtig erklärt worden ist.

Bestrafung der Religionsdiener u. s. w. vgl. § 338.

§ 172.(140) Der Ehebruch wird, wenn wegen desselben die Ehe geschieden ist, an dem schuldigen Ehegatten, sowie dessen Mitschuldigen mit Gefängniß bis zu sechs Monaten bestraft. — §§ 64 A. 2., 69.

Die Verfolgung tritt nur auf Antrag ein.

§ 173.(141) Der Beischlaf zwischen Verwandten auf- und absteigender Linie wird an den ersteren mit Zuchthaus bis zu fünf Jahren, an den letzteren mit Gefängniß bis zu zwei Jahren bestraft.

Der Beischlaf zwischen Verschwägerten auf- und absteigender Linie, sowie zwischen Geschwistern wird mit Gefängniß bis zu zwei Jahren bestraft.

Neben der Gefängnißstrafe kann auf Verlust der bürgerlichen Ehrenrechte erkannt werden.

Verwandte und Verschwägerte absteigender Linie bleiben straflos, wenn sie das achtzehnte Lebensjahr nicht vollendet haben.

§ 174.(142) Mit Zuchthaus bis zu fünf Jahren werden bestraft:

1) Vormünder, welche mit ihren Pflegebefohlenen, Adoptiv- und Pflegeeltern, welche mit ihren Kindern, Geistliche, Lehrer und Erzieher, welche mit ihren minderjährigen Schülern oder Zöglingen unzüchtige Handlungen vornehmen;
2) Beamte, die mit Personen, gegen welche sie eine Untersuchung zu führen haben oder welche ihrer Obhut anvertraut sind, unzüchtige Handlungen vornehmen;
3) Beamte, Aerzte oder andere Medizinalpersonen, welche in Gefängnissen oder in öffentlichen, zur Pflege von Kranken, Armen oder anderen Hülflosen bestimmten Anstalten beschäftigt oder angestellt sind, wenn sie mit den in das Gefängniß oder in die Anstalt aufgenommenen Personen unzüchtige Handlungen vornehmen.

Sind mildernde Umstände vorhanden, so tritt Gefängnißstrafe nicht unter sechs Monaten ein.

§ 175.(143) Die widernatürliche Unzucht, welche zwischen Personen männlichen Geschlechts oder von Menschen mit Thieren begangen wird, ist mit Gefängniß zu bestrafen; auch kann auf Verlust der bürgerlichen Ehrenrechte erkannt werden.

§ 176.(144) Mit Zuchthaus bis zu zehn Jahren wird bestraft, wer

1) mit Gewalt unzüchtige Handlungen an einer Frauensperson vornimmt oder dieselbe durch Drohung mit gegenwärtiger Gefahr für Leib oder Leben zur Duldung unzüchtiger Handlungen nöthigt;
2) eine in einem willenlosen oder bewußtlosen Zustande befindliche oder eine geisteskranke Frauensperson zum außerehelichen Beischlafe mißbraucht, oder
3) mit Personen unter vierzehn Jahren unzüchtige Handlungen vornimmt oder dieselben zur Verübung oder Duldung unzüchtiger Handlungen verleitet.

Sind mildernde Umstände vorhanden, so tritt Gefängnißstrafe nicht unter sechs Monaten ein.

Die Verfolgung tritt nur auf Antrag ein, welcher jedoch, nachdem die förmliche Anklage bei Gericht erhoben worden, nicht mehr zurückgenommen werden kann. — § 64.

§ 177.(144) Mit Zuchthaus wird bestraft, wer durch Gewalt oder durch Drohung mit gegenwärtiger Gefahr für Leib oder Leben eine Frauensperson zur Duldung des außerehelichen Beischlafs nöthigt, oder wer eine Frauensperson zum außerehelichen Beischlafe mißbraucht, nachdem er sie zu diesem Zwecke in einen willenlosen oder bewußtlosen Zustand versetzt hat.

Sind mildernde Umstände vorhanden, so tritt Gefängnißstrafe nicht unter einem Jahre ein.

Die Verfolgung tritt nur auf Antrag ein, welcher jedoch, nachdem die förmliche Anklage bei Gericht erhoben worden, nicht mehr zurückgenommen werden kann. — § 64.

§ 177 hebt aus der allgemeinern Bestimmung des § 176 No. 1. den gemeinrechtlichen Begriff der „Nothzucht" hervor.

§ 178.(144 A. 2) Ist durch eine der in den §§ 176 und 177 bezeichneten Handlungen der Tod der verletzten Person verursacht worden, so tritt Zuchthausstrafe nicht unter zehn Jahren oder lebenslängliche Zuchthausstrafe ein.

Eines Antrages auf Verfolgung bedarf es nicht.

§ 179.(145) Wer eine Frauensperson zur Gestattung des Beischlafs dadurch verleitet, daß er eine Trauung vorspiegelt, oder einen anderen Irrthum in ihr erregt oder benutzt, in welchem sie den Beischlaf für einen ehelichen hielt, wird mit Zuchthaus bis zu fünf Jahren bestraft.

Sind mildernde Umstände vorhanden, so tritt Gefängnißstrafe nicht unter sechs Monaten ein.

Die Verfolgung tritt nur auf Antrag ein.

§ 180.(147) Wer gewohnheitsmäßig oder aus Eigennutz durch seine Vermittelung oder durch Gewährung oder Verschaffung von Gelegenheit der Unzucht Vorschub leistet, wird wegen Kuppelei mit Gefängniß bestraft; auch kann auf Verlust der bürgerlichen Ehrenrechte, sowie auf Zulässigkeit von Polizei-Aufsicht erkannt werden.

§ 181.(148) Die Kuppelei ist, selbst wenn sie weder gewohnheitsmäßig noch aus Eigennutz betrieben wird, mit Zuchthaus bis zu fünf Jahren zu bestrafen, wenn

1) um der Unzucht Vorschub zu leisten, hinterlistige Kunstgriffe angewendet worden sind, oder
2) der Schuldige zu den Personen, mit welchen die Unzucht getrieben worden ist, in dem Verhältniß von Eltern zu Kindern, von Vormündern zu Pflegebefohlenen, von Geistlichen, Lehrern oder Erziehern zu den von ihnen zu unterrichtenden oder zu erziehenden Personen steht.

Neben der Zuchthausstrafe ist der Verlust der bürgerlichen Ehrenrechte auszusprechen; auch kann auf Zulässigkeit von Polizei-Aufsicht erkannt werden.

Wegen des obligatorischen Ehrverlustes vgl. Anm. zu § 161.

§ 182.(149) Wer ein unbescholtenes Mädchen, welches das sechszehnte Lebensjahr nicht vollendet hat, zum Beischlafe verführt, wird mit Gefängniß bis zu einem Jahre bestraft.

Die Verfolgung tritt nur auf Antrag der Eltern oder des Vormundes der Verführten ein.

§ 183.(150) Wer durch eine unzüchtige Handlung öffentlich ein Aergerniß gibt, wird mit Gefängniß bis zu zwei Jahren bestraft; auch kann auf Verlust der bürgerlichen Ehrenrechte erkannt werden.

§ 184.(151) Wer unzüchtige Schriften, Abbildungen oder Darstellungen verkauft, vertheilt oder sonst verbreitet, oder an Orten, welche dem Publikum zugänglich sind, ausstellt oder anschlägt, wird mit Geldstrafe bis zu einhundert Thalern oder mit Gefängniß bis zu sechs Monaten bestraft.

Vierzehnter Abschnitt.

Beleidigung.

§ 185.(343, 102, 152, 187) Die Beleidigung wird mit Geldstrafe bis zu zweihundert Thalern oder mit Haft oder mit Gefängniß bis zu einem Jahre und, wenn die Beleidigung mittels einer Thätlichkeit begangen wird, mit Geldstrafe bis zu fünfhundert Thalern oder mit Gefängniß bis zu zwei Jahren bestraft.

§ 186.(156) Wer in Beziehung auf einen Anderen eine Thatsache behauptet oder verbreitet, welche denselben verächtlich zu machen oder in der öffentlichen Meinung herabzuwürdigen geeignet ist, wird, wenn nicht diese Thatsache erweislich wahr ist, wegen Beleidigung mit Geldstrafe bis zu zweihundert Thalern oder mit Haft oder mit Gefängniß bis zu einem Jahre und, wenn die Beleidigung öffentlich oder durch Verbreitung von Schriften, Abbildungen oder Darstellungen begangen ist, mit Geldstrafe bis zu fünfhundert Thalern oder mit Gefängniß bis zu zwei Jahren bestraft.

Ueber den Begriff der Oeffentlichkeit vgl. Motive zu Abschnitt VII. § 123 ff. Ob Oeffentlichkeit vorhanden, ist lediglich nach den thatsächlichen Umständen zu beurtheilen.

§ 187.(156) Wer wider besseres Wissen in Beziehung auf einen Anderen eine unwahre Thatsache behauptet oder verbreitet, welche denselben verächtlich zu machen oder in der öffentlichen Meinung herabzuwürdigen oder dessen Kredit zu gefährden geeignet ist, wird wegen verleumderischer Beleidigung mit Gefängniß bis zu zwei Jahren und, wenn die Verleumdung öffentlich oder durch Verbreitung von Schriften, Abbildungen oder Darstellungen begangen ist, mit Gefängniß nicht unter einem Monat bestraft.

Sind mildernde Umstände vorhanden, so kann die Strafe bis auf einen Tag Gefängniß ermäßigt, oder auf Geldstrafe bis zu dreihundert Thalern erkannt werden.

§ 188. In den Fällen der §§ 186. und 187. kann auf Verlangen des Beleidigten, wenn die Beleidigung nachtheilige Folgen für die Vermögensverhältnisse, den Erwerb oder das Fortkommen des Beleidigten mit sich bringt, neben der Strafe auf eine an den Beleidigten zu erlegende Buße bis zum Betrage von zweitausend Thalern erkannt werden.

Eine erkannte Buße schließt die Geltendmachung eines weiteren Entschädigungsanspruches aus. — § 231.

§ 189. Wer das Andenken eines Verstorbenen dadurch beschimpft, daß er wider besseres Wissen eine unwahre Thatsache behauptet oder verbreitet, welche denselben bei seinen Lebzeiten verächtlich zu machen oder in der öffentlichen Meinung herabzuwürdigen geeignet gewesen wäre, wird mit Gefängniß bis zu sechs Monaten bestraft.

Sind mildernde Umstände vorhanden, so kann auf Geldstrafe bis zu dreihundert Thalern erkannt werden.

Die Verfolgung tritt nur auf Antrag der Eltern, der Kinder oder des Ehegatten des Verstorbenen ein.

§ 190.(157) Ist die behauptete oder verbreitete Thatsache eine strafbare Handlung, so ist der Beweis der Wahrheit als erbracht anzusehen, wenn der Beleidigte wegen dieser Handlung rechtskräftig verurtheilt worden ist.

Der Beweis der Wahrheit ist dagegen ausgeschlossen, wenn der Beleidigte wegen dieser Handlung vor der Behauptung oder Verbreitung rechtskräftig freigesprochen worden ist.

§ 191.(159) Ist wegen der strafbaren Handlung zum Zwecke der Herbeiführung eines Strafverfahrens bei der Behörde Anzeige gemacht, so ist bis zu dem Beschlusse, daß die Eröffnung der Untersuchung nicht stattfinde, oder bis zur Beendigung der eingeleiteten Untersuchung mit dem Verfahren und der Entscheidung über die Beleidigung inne zu halten. — § 69.

§ 192.(158) Der Beweis der Wahrheit der behaupteten oder verbreiteten Thatsache schließt die Bestrafung nach Vorschrift des § 185. nicht aus, wenn das Vorhandensein einer Beleidigung aus der Form der Behauptung oder Verbreitung oder aus den Umständen, unter welchen sie geschah, hervorgeht.

§ 193.(154) Tadelnde Urtheile über wissenschaftliche, künstlerische oder gewerbliche Leistungen, ingleichen Aeußerungen, welche zur Ausführung oder Vertheidigung von Rechten oder zur Wahrnehmung berechtigter Interessen gemacht werden, sowie Vorhaltungen und Rügen der Vorgesetzten gegen ihre Untergebenen, dienstliche Anzeigen oder Urtheile von Seiten eines Beamten und ähnliche Fälle sind nur insofern strafbar, als das Vorhandensein einer Beleidigung aus der Form der Aeußerung oder aus den Umständen, unter welchen sie geschah, hervorgeht.

§ 194.(160) Die Verfolgung einer Beleidigung tritt nur auf Antrag ein. — §§ 64, 196, 197.

Der Antrag kann bis zur Verkündung eines auf

Strafe lautenden Urtheils und bei der Verfolgung im Wege der Privatklage oder Privatanklage bis zum Anfange der Vollstreckung des Urtheils zurückgenommen werden.

§ 195.(162) Sind Ehefrauen oder unter väterlicher Gewalt stehende Kinder beleidigt worden, so haben sowohl die Beleidigten, als deren Ehemänner und Väter das Recht, auf Bestrafung anzutragen. — §§ 65, 232.

§ 196.(103 A. 2) Wenn die Beleidigung gegen eine Behörde, einen Beamten, einen Religionsdiener oder ein Mitglied der bewaffneten Macht, während sie in der Ausübung ihres Berufes begriffen sind, oder in Beziehung auf ihren Beruf, begangen ist, so haben außer den unmittelbar Betheiligten auch deren amtliche Vorgesetzte das Recht, den Strafantrag zu stellen. — § 232.

§ 197.(103 A. 1) Eines Antrages bedarf es nicht, wenn die Beleidigung gegen eine gesetzgebende Versammlung des Bundes, des Zollvereins oder eines Bundesstaats, oder gegen eine andere politische Körperschaft begangen worden ist. Dieselbe darf jedoch nur mit Ermächtigung der beleidigten Körperschaft verfolgt werden.

§ 198.(161) Ist bei wechselseitigen Beleidigungen von einem Theile auf Bestrafung angetragen worden, so ist der andere Theil bei Verlust seines Rechts verpflichtet, den Antrag auf Bestrafung spätestens vor Schluß der Verhandlung in erster Instanz zu stellen, hierzu aber auch dann berechtigt, wenn zu jenem Zeitpunkte die dreimonatliche Frist bereits abgelaufen ist. — § 232.

§ 199.(153) Wenn eine Beleidigung auf der Stelle erwidert wird, so kann der Richter beide Beleidiger oder einen derselben für straffrei erklären.

Ueber die Kompensation von Beleidigungen mit leichten Körperverletzungen vgl. § 233.

§ 200.(163) Wird wegen einer öffentlich oder durch Verbreitung von Schriften, Darstellungen oder Abbildungen begangenen Beleidigung auf Strafe erkannt, so ist zugleich dem Beleidigten die Befugniß zuzusprechen, die Verurtheilung auf Kosten des Schuldigen öffentlich bekannt zu machen. Die Art der Bekanntmachung, sowie die Frist zu derselben ist in dem Urtheile zu bestimmen.

Erfolgte die Beleidigung in einer Zeitung oder Zeitschrift, so ist der verfügende Theil des Urtheils auf Antrag des Beleidigten durch die öffentlichen Blätter, und zwar wenn möglich durch dieselbe Zeitung oder Zeitschrift bekannt zu machen.

Dem Beleidigten ist auf Kosten des Schuldigen eine Ausfertigung des Urtheils zu ertheilen.

Funfzehnter Abschnitt.

Zweikampf.

§ 201.(164) Die Herausforderung zum Zweikampf mit tödtlichen Waffen, sowie die Annahme einer solchen Herausforderung wird mit Festungshaft bis zu sechs Monaten bestraft.

§ 202.(165) Festungshaft von zwei Monaten bis zu zwei Jahren tritt ein, wenn bei der Herausforderung die

Absicht, daß einer von beiden Theilen das Leben verlieren soll, entweder ausgesprochen ist oder aus der gewählten Art des Zweikampfs erhellt.

§ 203.(166) Diejenigen, welche den Auftrag zu einer Herausforderung übernehmen und ausrichten (Kartellträger), werden mit Festungshaft bis zu sechs Monaten bestraft.

§ 204.(167) Die Strafe der Herausforderung und der Annahme derselben, sowie die Strafe der Kartellträger fällt weg, wenn die Parteien den Zweikampf vor dessen Beginn freiwillig aufgegeben haben.

§ 205.(168) Der Zweikampf wird mit Festungshaft von drei Monaten bis zu fünf Jahren bestraft.

§ 206.(169) Wer seinen Gegner im Zweikampf tödtet, wird mit Festungshaft nicht unter zwei Jahren und, wenn der Zweikampf ein solcher war, welcher den Tod des einen von Beiden herbeiführen sollte, mit Festungshaft nicht unter drei Jahren bestraft.

§ 207.(171) Ist eine Tödtung oder Körperverletzung mittels vorsätzlicher Uebertretung der vereinbarten oder hergebrachten Regeln des Zweikampfs bewirkt worden, so ist der Uebertreter, sofern nicht nach den vorhergehenden Bestimmungen eine härtere Strafe verwirkt ist, nach den allgemeinen Vorschriften über das Verbrechen der Tödtung oder der Körperverletzung zu bestrafen.

§ 208.(170) Hat der Zweikampf ohne Sekundanten stattgefunden, so kann die verwirkte Strafe bis um die Hälfte, jedoch nicht über zehn Jahre erhöht werden.

§ 209.(173, 172) Kartellträger, welche ernstlich bemüht gewesen sind, den Zweikampf zu verhindern, Sekundanten,

sowie zum Zweikampf zugezogene Zeugen, Aerzte und Wundärzte sind straflos.

§ 210.(174) Wer einen Anderen zum Zweikampf mit einem Dritten absichtlich, insonderheit durch Bezeigung oder Androhung von Verachtung anreizt, wird, falls der Zweikampf stattgefunden hat, mit Gefängniß nicht unter drei Monaten bestraft.

Sechszehnter Abschnitt.

Verbrechen und Vergehen wider das Leben.

§ 211.(175) Wer vorsätzlich einen Menschen tödtet, wird, wenn er die Tödtung mit Ueberlegung ausgeführt hat, wegen Mordes mit dem Tode bestraft.

§ 212.(176) Wer vorsätzlich einen Menschen tödtet, wird, wenn er die Tödtung nicht mit Ueberlegung ausgeführt hat, wegen Todtschlages mit Zuchthaus nicht unter fünf Jahren bestraft.

§ 213.(177) War der Todtschläger ohne eigene Schuld durch eine ihm oder einem Angehörigen zugefügte Mißhandlung oder schwere Beleidigung von dem Getödteten zum Zorne gereizt und hierdurch auf der Stelle zur That hingerissen worden, oder sind andere mildernde Umstände vorhanden, so tritt Gefängnißstrafe nicht unter sechs Monaten ein.

Angehöriger vgl. § 52 A. 2.

§ 214.(178) Wer bei Unternehmung einer strafbaren Handlung, um ein der Ausführung derselben entgegentre-

tendes Hinderniß zu beseitigen oder um sich der Ergreifung auf frischer That zu entziehen, vorsätzlich einen Menschen tödtet, wird mit Zuchthaus nicht unter zehn Jahren oder mit lebenslänglichem Zuchthaus bestraft.

§ 215.(179) Der Todtschlag an einem Verwandten aufsteigender Linie wird mit Zuchthaus nicht unter zehn Jahren oder mit lebenslänglichem Zuchthaus bestraft.

§ 216. Ist Jemand durch das ausdrückliche und ernstliche Verlangen des Getödteten zur Tödtung bestimmt worden, so ist auf Gefängniß nicht unter drei Jahren zu erkennen.

§ 217.(180) Eine Mutter, welche ihr uneheliches Kind in oder gleich nach der Geburt vorsätzlich tödtet, wird mit Zuchthaus nicht unter drei Jahren bestraft.

Sind mildernde Umstände vorhanden, so tritt Gefängnißstrafe nicht unter zwei Jahren ein.

Wegen des Theilnehmers vgl. § 48.

§ 218.(181) Eine Schwangere, welche ihre Frucht vorsätzlich abtreibt oder im Mutterleibe tödtet, wird mit Zuchthaus bis zu fünf Jahren bestraft.

Sind mildernde Umstände vorhanden, so tritt Gefängnißstrafe nicht unter sechs Monaten ein.

Dieselben Strafvorschriften finden auf denjenigen Anwendung, welcher mit Einwilligung der Schwangeren die Mittel zu der Abtreibung oder Tödtung bei ihr angewendet oder ihr beigebracht hat.

§ 219. Mit Zuchthaus bis zu zehn Jahren wird bestraft, wer einer Schwangeren, welche ihre Frucht abgetrieben oder getödtet hat, gegen Entgelt die Mittel hierzu verschafft, bei ihr angewendet oder ihr beigebracht hat.

§ 220.(182) Wer die Leibesfrucht einer Schwangeren ohne deren Wissen oder Willen vorsätzlich abtreibt oder tödtet, wird mit Zuchthaus nicht unter zwei Jahren bestraft.

Ist durch die Handlung der Tod der Schwangeren verursacht worden, so tritt Zuchthausstrafe nicht unter zehn Jahren oder lebenslängliche Zuchthausstrafe ein.

§ 221.(183) Wer eine wegen jugendlichen Alters, Gebrechlichkeit oder Krankheit hülflose Person aussetzt, oder wer eine solche Person, wenn dieselbe unter seiner Obhut steht oder wenn er für die Unterbringung, Fortschaffung oder Aufnahme derselben zu sorgen hat, in hülfloser Lage vorsätzlich verläßt, wird mit Gefängniß nicht unter drei Monaten bestraft.

Wird die Handlung von leiblichen Eltern gegen ihr Kind begangen, so tritt Gefängnißstrafe nicht unter sechs Monaten ein.

Ist durch die Handlung eine schwere Körperverletzung (— § 224) der ausgesetzten oder verlassenen Person verursacht worden, so tritt Zuchthausstrafe bis zu zehn Jahren und, wenn durch die Handlung der Tod verursacht worden ist, Zuchthausstrafe nicht unter drei Jahren ein.

§ 222.(184) Wer durch Fahrlässigkeit den Tod eines Menschen verursacht, wird mit Gefängniß bis zu drei Jahren bestraft.

Wenn der Thäter zu der Aufmerksamkeit, welche er aus den Augen setzte, vermöge seines Amtes, Berufes oder

Gewerbes besonders verpflichtet war, so kann die Strafe bis auf fünf Jahre Gefängniß erhöht werden. — Vgl. Bundes.-Gew.-Ordnung § 143 ff. B. G. B. 1869, S. 278. —

Siebenzehnter Abschnitt.

Körperverletzung.

§ 223.(187, 191) Wer vorsätzlich einen Anderen körperlich mißhandelt oder an der Gesundheit beschädigt, wird wegen Körperverletzung mit Gefängniß bis zu drei Jahren oder mit Geldstrafe bis zu dreihundert Thalern bestraft.

Ist die Handlung gegen Verwandte aufsteigender Linie begangen, so ist auf Gefängniß nicht unter einem Monat zu erkennen.

§ 224.(192a, 193) Hat die Körperverletzung zur Folge, daß der Verletzte ein wichtiges Glied des Körpers, das Sehvermögen auf einem oder beiden Augen, das Gehör, die Sprache oder die Zeugungsfähigkeit verliert oder in erheblicher Weise dauernd entstellt wird, oder in Siechthum, Lähmung oder Geisteskrankheit verfällt, so ist auf Zuchthaus bis zu fünf Jahren oder Gefängniß nicht unter einem Jahre zu erkennen.

Wegen mildernder Umstände vgl. § 228.

§ 225.(193) War eine der vorbezeichneten Folgen beabsichtigt und eingetreten, so ist auf Zuchthaus von zwei bis zu zehn Jahren zu erkennen.

§ 226.(194) Ist durch die Körperverletzung der Tod des

Verletzten verursacht worden, so ist auf Zuchthaus nicht unter drei Jahren oder Gefängniß nicht unter drei Jahren zu erkennen. — § 228.

§ 227.(195) Ist durch eine Schlägerei oder durch einen von Mehreren gemachten Angriff der Tod eines Menschen oder eine schwere Körperverletzung (§ 224.) verursacht worden, so ist jeder, welcher sich an der Schlägerei oder dem Angriffe betheiligt hat, schon wegen dieser Betheiligung mit Gefängniß bis zu drei Jahren zu bestrafen, falls er nicht ohne sein Verschulden hineingezogen worden ist. — Vgl. § 367 No. 10.

Ist eine der vorbezeichneten Folgen mehreren Verletzungen zuzuschreiben, welche dieselbe nicht einzeln, sondern nur durch ihr Zusammentreffen verursacht haben, so ist jeder, welchem eine dieser Verletzungen zur Last fällt, mit Zuchthaus bis zu fünf Jahren zu bestrafen. — § 228.

§ 228.(196) Sind mildernde Umstände vorhanden, so ist in den Fällen der §§ 224. und 227. Absatz 2. auf Gefängniß nicht unter einem Monat, und im Falle des § 226. auf Gefängniß nicht unter drei Monaten zu erkennen. —

Diese Ermäßigung der Strafe bleibt ausgeschlossen, wenn die Handlung gegen Verwandte aufsteigender Linie begangen ist.

§ 229.(197) Wer vorsätzlich einem Anderen, um dessen Gesundheit zu beschädigen, Gift oder andere Stoffe beibringt, welche die Gesundheit zu zerstören geeignet sind, wird mit Zuchthaus bis zu zehn Jahren bestraft.

Ist durch die Handlung eine schwere Körperverletzung (— § 224) verursacht worden, so ist auf Zuchthaus nicht unter fünf Jahren und, wenn durch die Handlung der Tod verursacht worden, auf Zuchthaus nicht unter zehn Jahren oder auf lebenslängliches Zuchthaus zu erkennen.

§ 230.(198) Wer durch Fahrlässigkeit die Körperverletzung eines Anderen verursacht, wird mit Geldstrafe bis zu dreihundert Thalern oder mit Gefängniß bis zu zwei Jahren bestraft.

War der Thäter zu der Aufmerksamkeit, welche er aus den Augen setzte, vermöge seines Amtes, Berufes oder Gewerbes besonders verpflichtet, so kann die Strafe auf drei Jahre Gefängniß erhöht werden.

Vgl. Bund.-Gew.-Ordn. § 143 ff. BGB. 1869, S. 278 ff.

§ 231. In allen Fällen der Körperverletzung kann auf Verlangen des Verletzten neben der Strafe auf eine an denselben zu erlegende Buße bis zum Betrage von zweitausend Thalern erkannt werden..

Eine erkannte Buße schließt die Geltendmachung eines weiteren Entschädigungsanspruches aus.

Für diese Buße haften die zu derselben Verurtheilten als Gesammtschuldner.

§ 232.(189, 198 A. 2) Die Verfolgung leichter vorsätzlicher, sowie aller durch Fahrlässigkeit verursachter Körperverletzungen (§§ 223. 230.) tritt nur auf Antrag ein, insofern nicht die Körperverletzung mit Uebertretung einer Amts-, Berufs- oder Gewerbspflicht begangen worden ist.

Die in den §§ 195., 196. und 198. enthaltenen Vorschriften finden auch hier Anwendung.

§ 233.(188) Wenn leichte Körperverletzungen mit solchen, Beleidigungen mit leichten Körperverletzungen oder letztere mit ersteren auf der Stelle erwidert werden, so kann der Richter für beide Angeschuldigte, oder für einen derselben eine der Art oder dem Maße nach mildere oder überhaupt keine Strafe eintreten lassen. — § 199.

Achtzehnter Abschnitt.

Verbrechen und Vergehen wider die persönliche Freiheit.

§ 234.(204) Wer sich eines Menschen durch List, Drohung oder Gewalt bemächtigt, um ihn in hülfloser Lage auszusetzen oder in Sklaverei, Leibeigenschaft oder in auswärtige Kriegs- oder Schiffsdienste zu bringen, wird wegen Menschenraubes mit Zuchthaus bestraft.

§ 235.(206, 205) Wer eine minderjährige Person durch List, Drohung oder Gewalt ihren Eltern oder ihrem Vormunde entzieht, wird mit Gefängniß und, wenn die Handlung in der Absicht geschieht, die Person zum Betteln oder zu gewinnsüchtigen oder unsittlichen Zwecken oder Beschäftigungen zu gebrauchen, mit Zuchthaus bis zu zehn Jahren bestraft.

§ 236.(207) Wer eine Frauensperson wider ihren Willen durch List, Drohung oder Gewalt entführt, um sie zur Unzucht zu bringen, wird mit Zuchthaus bis zu zehn Jahren und, wenn die Entführung begangen wurde, um die Entführte zur Ehe zu bringen, mit Gefängniß bestraft. Die Verfolgung tritt nur auf Antrag ein.

§ 237.(208) Wer eine minderjährige, unverehelichte Frauensperson mit ihrem Willen, jedoch ohne Einwilligung ihrer Eltern oder ihres Vormundes, entführt, um sie zur Unzucht oder zur Ehe zu bringen, wird mit Gefängniß bestraft.

Die Verfolgung tritt nur auf Antrag ein.

§ 238.(209) Hat der Entführer die Entführte geheirathet, so findet die Verfolgung nur statt, nachdem die Ehe für ungültig erklärt worden ist. — §§ 236, 237.

§ 239.(210) Wer vorsätzlich und widerrechtlich einen Menschen einsperrt oder auf andere Weise des Gebrauches der persönlichen Freiheit beraubt, wird mit Gefängniß bestraft.

Wenn die Freiheitsentziehung über eine Woche gedauert hat, oder, wenn eine schwere Körperverletzung (— § 224) des der Freiheit Beraubten durch die Freiheitsentziehung oder die ihm während derselben widerfahrene Behandlung verursacht worden ist, so ist auf Zuchthaus bis zu zehn Jahren zu erkennen. Sind mildernde Umstände vorhanden, so tritt Gefängnißstrafe nicht unter einem Monat ein.

Ist der Tod des der Freiheit Beraubten durch die Freiheitsentziehung oder die ihm während derselben widerfahrene Behandlung verursacht worden, so ist auf Zuchthaus nicht unter drei Jahren zu erkennen. Sind mildernde Umstände vorhanden, so tritt Gefängnißstrafe nicht unter drei Monaten ein.

§ 240.(212) Wer einen Anderen widerrechtlich durch Gewalt oder durch Bedrohung mit einem Verbrechen oder Vergehen zu einer Handlung, Duldung oder Unterlassung nöthigt, wird mit Gefängniß bis zu einem Jahre oder mit Geldstrafe bis zu zweihundert Thalern bestraft. — §§ 241, 253, 254.

Der Versuch ist strafbar.

Die Verfolgung tritt nur auf Antrag ein.

§ 241.(213) Wer einen Anderen mit der Begehung eines Verbrechens bedroht, wird mit Gefängniß bis zu sechs Monaten oder mit Geldstrafe bis zu einhundert Thalern bestraft. — §§ 126, 240, 253, 254.

Die Verfolgung tritt nur auf Antrag ein.

Neunzehnter Abschnitt.

Diebstahl und Unterschlagung.

Wegen Zulässigkeit des Verlustes der Ehrenrechte und der Stellung unter Polizeiaufsicht sind in diesem und den folgenden Abschnitten die Schlußparagraphen zu beachten.

§ 242.(215—217) Wer eine fremde bewegliche Sache einem Anderen in der Absicht wegnimmt, dieselbe sich rechtswidrig zuzueignen, wird wegen Diebstahls mit Gefängniß bestraft. — Vgl. § 248.

Der Versuch ist strafbar.

§ 243.(218) Auf Zuchthaus bis zu zehn Jahren ist zu erkennen, wenn

1) aus einem zum Gottesdienste bestimmten Gebäude Gegenstände gestohlen werden, welche dem Gottesdienste gewidmet sind;
2) aus einem Gebäude oder umschlossenen Raume mittels Einbruchs, Einsteigens oder Erbrechens

von Behältnissen gestohlen wird; (Pr. St.G.B. 222, 223.)

3) der Diebstahl dadurch bewirkt wird, daß zur Eröffnung eines Gebäudes oder der Zugänge eines umschlossenen Raumes, oder zur Eröffnung der im Inneren befindlichen Thüren oder Behältnisse falsche Schlüssel oder andere zur ordnungsmäßigen Eröffnung nicht bestimmte Werkzeuge angewendet werden; (Pr. St.G.B. 221, 224.)

4) auf einem öffentlichen Wege, einer Straße, einem öffentlichen Platze, einer Wasserstraße oder einer Eisenbahn, oder in einem Postgebäude oder dem dazu gehörigen Hofraume, oder auf einem Eisenbahnhofe eine zum Reisegepäck oder zu anderen Gegenständen der Beförderung gehörende Sache mittels Abschneidens oder Ablösens der Befestigungs- oder Verwahrungsmittel, oder durch Anwendung falscher Schlüssel oder anderer zur ordnungsmäßigen Eröffnung nicht bestimmter Werkzeuge gestohlen wird; (Pr. St.G.B. 224.)

5) der Dieb oder einer der Theilnehmer am Diebstahle bei Begehung der That Waffen bei sich führt;

6) zu dem Diebstahle Mehrere mitwirken, welche sich zur fortgesetzten Begehung von Raub oder Diebstahl verbunden haben, oder

7) der Diebstahl zur Nachtzeit in einem bewohnten Gebäude, in welches sich der Thäter in diebischer Absicht eingeschlichen, oder in welchem er sich in gleicher Absicht verborgen hatte, begangen wird,

auch wenn zur Zeit des Diebstahls Bewohner in dem Gebäude nicht anwesend sind. Einem bewohnten Gebäude werden der zu einem bewohnten Gebäude gehörige umschlossene Raum und die in einem solchen befindlichen Gebäude jeder Art, sowie Schiffe, welche bewohnt werden, gleich geachtet. (Pr. St.G.B. 217 No. 6, 220, 221.)

Sind mildernde Umstände vorhanden, so tritt Gefängnißstrafe nicht unter drei Monaten ein. — Vgl. § 248.

§ 244.(219) Wer im Inlande als Dieb, Räuber oder gleich einem Räuber oder als Hehler bestraft worden ist, darauf abermals eine dieser Handlungen begangen hat, und wegen derselben bestraft worden ist, wird, wenn er einen einfachen Diebstahl (§ 242.) begeht, mit Zuchthaus bis zu zehn Jahren, wenn er einen schweren Diebstahl (§ 243.) begeht, mit Zuchthaus nicht unter zwei Jahren bestraft. — §§ 240, 252, 258.

Sind mildernde Umstände vorhanden, so tritt beim einfachen Diebstahl Gefängnißstrafe nicht unter drei Monaten, beim schweren Diebstahl Gefängnißstrafe nicht unter einem Jahre ein.

§ 245. Die Bestimmungen des § 244. finden Anwendung, auch wenn die früheren Strafen nur theilweise verbüßt oder ganz oder theilweise erlassen sind, bleiben jedoch ausgeschlossen, wenn seit der Verbüßung oder dem Erlasse der letzten Strafe bis zur Begehung des neuen Diebstahls zehn Jahre verflossen sind. — (Pr. St.G.B. 219 Schluß. und 60.)

§ 246.(225—227) Wer eine fremde bewegliche Sache, die er in Besitz oder Gewahrsam hat, sich rechtswidrig zueignet, wird wegen Unterschlagung mit Gefängniß bis zu drei Jahren und, wenn die Sache ihm anvertraut ist, mit Gefängniß bis zu fünf Jahren bestraft. — §§ 350, 351.

Sind mildernde Umstände vorhanden, so kann auf Geldstrafe bis zu dreihundert Thalern erkannt werden.

Der Versuch ist strafbar.

Wegen Veruntreuungen von Bevollmächtigten an Forderungen 2c. der Auftraggeber vgl. § 266 No. 2 und Schlußsatz.

§ 247.(228, 229) Wer einen Diebstahl oder eine Unterschlagung gegen Angehörige (— § 52 A. 2.), Vormünder, Erzieher oder solche Personen, in deren Lohn oder Kost er sich befindet, begeht, ist nur auf Antrag zu verfolgen.

Ein Diebstahl oder eine Unterschlagung, welche von Verwandten aufsteigender Linie gegen Verwandte absteigender Linie oder von einem Ehegatten gegen den anderen begangen worden ist, bleibt straflos.

Diese Bestimmungen finden auf Theilnehmer oder Begünstiger, welche nicht in einem der vorbezeichneten persönlichen Verhältnisse stehen, keine Anwendung. — § 50.

§ 248.(216) Neben der wegen Diebstahls oder Unterschlagung erkannten Gefängnißstrafe kann auf Verlust der bürgerlichen Ehrenrechte, und neben der wegen Diebstahls erkannten Zuchthausstrafe auf Zulässigkeit von Polizei-Aufsicht erkannt werden.

Zwanzigster Abschnitt.

Raub und Erpressung.

§ 249.(230 A. 1, 231) Wer mit Gewalt gegen eine Person oder unter Anwendung von Drohungen mit gegenwärtiger Gefahr für Leib oder Leben eine fremde bewegliche Sache einem Anderen in der Absicht wegnimmt, sich dieselbe rechtswidrig zuzueignen, wird wegen Raubes mit Zuchthaus bestraft. — § 256.

Sind mildernde Umstände vorhanden, so tritt Gefängnißstrafe nicht unter sechs Monaten ein.

§ 250.(232) Auf Zuchthaus nicht unter fünf Jahren ist zu erkennen, wenn

1) der Räuber oder einer der Theilnehmer am Raube bei Begehung der That Waffen bei sich führt;
2) zu dem Raube Mehrere mitwirken, welche sich zur fortgesetzten Begehung von Raub oder Diebstahl verbunden haben;
3) der Raub auf einem öffentlichen Wege, einer Straße, einer Eisenbahn, einem öffentlichen Platze, auf offener See oder einer Wasserstraße begangen wird;
4) der Raub zur Nachtzeit in einem bewohnten Gebäude (§ 243. Nr. 7.) begangen wird, in welches sich der Thäter zur Begehung eines Raubes oder Diebstahls eingeschlichen oder sich gewaltsam Eingang verschafft oder in welchem er sich in gleicher Absicht verborgen hatte, oder
5) der Räuber bereits einmal als Räuber oder gleich einem Räuber im Inlande bestraft worden ist.

1) einen einfachen Diebstahl oder eine Unterschlagung begangen hat, mit Gefängniß;

Pr. St.G.B. § 237 (2. Hälfte) mit Beschränkung auf Diebstahl und Unterschlagung.

2) einen schweren Diebstahl, einen Raub oder ein dem Raube gleich zu bestrafendes Verbrechen begangen hat, mit Zuchthaus bis zu fünf Jahren. Sind mildernde Umstände vorhanden, so tritt Gefängnißstrafe nicht unter drei Monaten ein.

Pr. St.G.B. § 238 (2. Hälfte).

Diese Strafvorschriften finden auch dann Anwendung, wenn der Hehler ein Angehöriger ist. (Hehlerei i. e. S.)

§ 259.(237, 238) Wer seines Vortheils wegen Sachen, von denen er weiß oder den Umständen nach annehmen muß, daß sie mittels einer strafbaren Handlung erlangt sind, verheimlicht, ankauft, zum Pfande nimmt oder sonst an sich bringt oder zu deren Absatze bei Anderen mitwirkt, wird als Hehler mit Gefängniß bestraft. (Partirerei.)

§ 260.(239) Wer die Hehlerei (— §§ 258, 259) gewerbs- oder gewohnheitsmäßig betreibt, wird mit Zuchthaus bis zu zehn Jahren bestraft.

§ 261.(240) Wer im Inlande wegen Hehlerei einmal und wegen darauf begangener Hehlerei zum zweiten Male bestraft worden ist, wird, wenn sich die abermals begangene Hehlerei auf einen schweren Diebstahl, einen Raub oder ein dem Raube gleich zu bestrafendes Verbrechen (— §§ 252, 255) zieht, mit Zuchthaus nicht unter zwei Jahren bestraft. Sind mildernde Umstände vorhanden, so tritt Gefängnißstrafe nicht unter Einem Jahre ein.

Bezieht sich die Hehlerei auf eine andere strafbare Handlung, so ist auf Zuchthaus bis zu zehn Jahren zu erkennen. Sind mildernde Umstände vorhanden, so tritt Gefängnißstrafe nicht unter drei Monaten ein.

Die in dem § 245. enthaltenen Vorschriften finden auch hier Anwendung.

§ 262. (237, 240 No. 1) Neben der wegen Hehlerei erkannten Gefängnißstrafe kann auf Verlust der bürgerlichen Ehrenrechte und neben jeder Verurtheilung wegen Hehlerei auf Zulässigkeit von Polizei-Aufsicht erkannt werden.

Zweiundzwanzigster Abschnitt.

Betrug und Untreue.

§ 263. (241, 242) Wer in der Absicht, sich oder einem Dritten einen rechtswidrigen Vermögensvortheil zu verschaffen, das Vermögen eines Anderen dadurch beschädigt, daß er durch Vorspiegelung falscher oder durch Entstellung oder Unterdrückung wahrer Thatsachen einen Irrthum erregt oder unterhält, wird wegen Betruges mit Gefängniß bestraft, neben welchem auf Geldstrafe bis zu eintausend Thalern, sowie auf Verlust der bürgerlichen Ehrenrechte erkannt werden kann.

Sind mildernde Umstände vorhanden, so kann ausschließlich auf die Geldstrafe erkannt werden.

Der Versuch ist strafbar.

Wer einen Betrug gegen Angehörige (— § 52 A. 2.), Vormünder, Erzieher oder gegen solche Personen, in deren Lohn oder Kost er sich befindet, begeht, ist nur auf Antrag zu verfolgen.

§ 264. Wer im Inlande wegen Betruges einmal und wegen darauf begangenen Betruges zum zweiten Male bestraft worden ist, wird wegen abermals begangenen Betruges mit Zuchthaus bis zu zehn Jahren und zugleich mit Geldstrafe von funfzig bis zu zweitausend Thalern bestraft.

Sind mildernde Umstände vorhanden, so tritt Gefängnißstrafe nicht unter drei Monaten ein, neben welcher zugleich auf Geldstrafe bis zu eintausend Thalern erkannt werden kann.

Die im § 245. enthaltenen Vorschriften finden auch hier Anwendung.

§ 265.(244) Wer in betrügerischer Absicht eine gegen Feuersgefahr versicherte Sache in Brand setzt, oder ein Schiff, welches als solches oder in seiner Ladung oder in seinem Frachtlohn versichert ist, sinken oder stranden macht, wird mit Zuchthaus bis zu zehn Jahren und zugleich mit Geldstrafe von fünfzig bis zu zweitausend Thalern bestraft. — §§ 306—308, 323.

Sind mildernde Umstände vorhanden, so tritt Gefängnißstrafe nicht unter sechs Monaten ein, neben welcher auf Geldstrafe bis zu eintausend Thalern erkannt werden kann.

§ 266.(246) Wegen Untreue werden mit Gefängniß, neben welchem auf Verlust der bürgerlichen Ehrenrechte erkannt werden kann, bestraft:

1) (246 No. 1.) Vormünder, Kuratoren, Güterpfleger, Sequester, Massenverwalter, Vollstrecker letztwilliger Verfügungen und Verwalter von Stiftungen, wenn

sie absichtlich zum Nachtheile der ihrer Aufsicht anvertrauten Personen oder Sachen handeln;

2) Bevollmächtigte, welche über Forderungen oder andere Vermögensstücke des Auftraggebers absichtlich zum Nachtheile desselben verfügen;

3) (246 No. 2) Feldmesser, Versteigerer, Mäkler, Güterbestätiger, Schaffner, Wäger, Messer, Bracker, Schauer, Stauer und andere zur Betreibung ihres Gewerbes von der Obrigkeit verpflichtete Personen, wenn sie bei den ihnen übertragenen Geschäften absichtlich diejenigen benachtheiligen, deren Geschäfte sie besorgen. — Vgl. Bund.-Gew.-Ordn. § 36.

Wird die Untreue begangen, um sich oder einem Anderen einen Vermögensvortheil zu verschaffen, so kann neben der Gefängnißstrafe auf Geldstrafe bis zu eintausend Thalern erkannt werden.

Dreiundzwanzigster Abschnitt.

Urkundenfälschung.

§ 267. Wer in rechtswidriger Absicht eine inländische oder ausländische öffentliche Urkunde oder eine solche Privaturkunde, welche zum Beweise von Rechten oder Rechtsverhältnissen von Erheblichkeit ist, verfälscht oder fälschlich anfertigt und von derselben zum Zwecke einer Täuschung Gebrauch macht, wird wegen Urkundenfälschung mit Gefängniß bestraft. — §§ 269, 270, 277, 280, 363.

Der Begriff der Urkunde im Allg. und der öffentlichen Urk. insbesondere ist nach dem geltenden Recht zu beurtheilen bez. thatsächlicher Natur. Der Entwurf einer Proz.-Ordn. f. d. Nordd. B. von 1870 bezeichnet im § 535. letztere als: „Urkunden, welche von einer öffentlichen Behörde innerhalb der Grenzen der Amtsbefugnisse derselben oder von einer mit öffentlichem Glauben versehenen Person innerhalb des der letztern zugewiesenen Geschäftskreises in der vorgeschriebenen Form aufgenommen sind."

§ 268.(247, 250, 251) Eine Urkundenfälschung, welche in der Absicht begangen wird, sich oder einem Anderen einen Vermögensvortheil zu verschaffen oder einem Anderen Schaden zuzufügen, wird bestraft, wenn

1)(247, 250) die Urkunde eine Privaturkunde ist, mit Zuchthaus bis zu fünf Jahren, neben welchem auf Geldstrafe bis zu eintausend Thalern erkannt werden kann;

2)(251) die Urkunde eine öffentliche ist, mit Zuchthaus bis zu zehn Jahren, neben welchem auf Geldstrafe von funfzig bis zu zweitausend Thalern erkannt werden kann.

Sind mildernde Umstände vorhanden, so tritt Gefängnißstrafe ein, welche bei der Fälschung einer Privaturkunde nicht unter einer Woche, bei der Fälschung einer öffentlichen Urkunde nicht unter drei Monaten betragen soll. Neben der Gefängnißstrafe kann zugleich auf Geldstrafe bis zu eintausend Thalern erkannt werden.

§ 269.(248) Der fälschlichen Anfertigung einer Urkunde wird es gleich geachtet, wenn Jemand einem mit der Unterschrift eines Anderen versehenen Papiere ohne dessen Willen oder dessen Anordnungen zuwider durch Ausfüllung einen urkundlichen Inhalt gibt.

§ 270.(249) Der Urkundenfälschung wird es gleich geachtet, wenn Jemand von einer falschen oder verfälschten

Urkunde, wissend, daß sie falsch oder verfälscht ist, zum Zwecke einer Täuschung Gebrauch macht.

§ 271.(255) Wer vorsätzlich bewirkt, daß Erklärungen, Verhandlungen oder Thatsachen, welche für Rechte oder Rechtsverhältnisse von Erheblichkeit sind, in öffentlichen Urkunden, Büchern oder Registern als abgegeben oder geschehen beurkundet werden, während sie überhaupt nicht oder in anderer Weise oder von einer Person in einer ihr nicht zustehenden Eigenschaft oder von einer anderen Person abgegeben oder geschehen sind, wird mit Gefängniß bis zu sechs Monaten oder mit Geldstrafe bis zu einhundert Thalern bestraft. — §§ 272, 273, 348.

§ 272.(252) Wer die vorbezeichnete Handlung in der Absicht begeht, sich oder einem Anderen einen Vermögensvortheil zu verschaffen oder einem Anderen Schaden zuzufügen, wird mit Zuchthaus bis zu zehn Jahren bestraft, neben welchem auf Geldstrafe von funfzig bis zu zweitausend Thalern erkannt werden kann. — § 349.

Sind mildernde Umstände vorhanden, so tritt Gefängnißstrafe ein, neben welcher auf Geldstrafe bis zu eintausend Thalern erkannt werden kann.

§ 273.(252 A. 2) Wer wissentlich von einer falschen Beurkundung der im § 271. bezeichneten Art zum Zwecke einer Täuschung Gebrauch macht, wird nach Vorschrift jenes Paragraphen und, wenn die Absicht dahin gerichtet war, sich oder einem Anderen einen Vermögensvortheil zu verschaffen oder einem Anderen Schaden zuzufügen, nach Vorschrift des § 272. bestraft.

§ 274.(243 No. 8 u. 7) Mit Gefängniß, neben welchem

auf Geldstrafe bis zu eintausend Thalern erkannt werden kann, wird bestraft, wer

1) eine Urkunde, welche ihm entweder überhaupt nicht oder nicht ausschließlich gehört, in der Absicht, einem Anderen Nachtheile zuzufügen, vernichtet, beschädigt oder unterdrückt, oder

2) einen Grenzstein oder ein anderes zur Bezeichnung einer Grenze oder eines Wasserstandes bestimmtes Merkmal in der Absicht, einem Anderen Nachtheil zuzufügen, wegnimmt, vernichtet, unkenntlich macht, verrückt oder fälschlich setzt.

Vgl. §§ 280, 133, 348, 349.

§ 275.(253) Mit Gefängniß nicht unter drei Monaten wird bestraft, wer

1) wissentlich von falschem oder gefälschtem Stempelpapier, von falschen oder gefälschten Stempelmarken, Stempelblanketten, Stempelabdrücken, Post- oder Telegraphen-Freimarken oder gestempelten Briefcouverts Gebrauch macht;

2) unechtes Stempelpapier, unechte Stempelmarken, Stempelblankette oder Stempelabdrücke für Spielkarten, Kalender, Pässe, Zeitungen oder sonstige Drucksachen oder Schriftstücke, ingleichen wer unechte Post- oder Telegraphen-Freimarken oder gestempelte Briefcouverts in der Absicht anfertigt, sie als echt zu verwenden, oder

3) echtes Stempelpapier, echte Stempelmarken, Stempelblankette, Stempelabdrücke, Post- oder Telegraphen-Freimarken oder gestempelte Briefcouverts in

der Absicht verfälscht, sie zu einem höheren Werthe zu verwenden.

Vgl. §§ 276 und Anm., 280, 364; Bund. Ges. vom 10. Juni 1869 (Wechselstempel) § 23 und E. G. § 2 A. 2.

§ 276. Wer wissentlich schon einmal zu stempelpflichtigen Urkunden, Schriftstücken oder Formularen verwendetes Stempelpapier oder schon einmal verwendete Stempelmarken oder Stempelblankette, ingleichen Stempelabdrücke, welche zum Zeichen stattgehabter Versteuerung gedient haben, zu stempelpflichtigen Schriftstücken verwendet, wird, außer der Strafe, welche durch die Entziehung der Stempelsteuer begründet ist, mit Geldstrafe bis zu zweihundert Thalern bestraft.

Vgl. §§ 275, 280, 364. B. G. vom 2. Novbr. 1867 (Postwesen) § 30 No. 4: „Mit dem vierfachen Betrage des defraudirten Porto, jedoch niemals unter einer Geldbuße von Einem Thaler, wird bestraft — wer Postfreimarken oder gestempelte Briefkouverts nach ihrer Entwerthung zur Frankirung einer Sendung benutzt. Inwiefern in diesem Falle wegen hinzutretender Vertilgung des Entwerthungszeichens eine härtere Strafe verwirkt ist, wird nach den allgemeinen Strafgesetzen beurtheilt"; s. auch die Bundesgesetze v. 16. Mai (Telegr. Freim.) § 2. und 10. Juni 1869 (Wechs. Stemp.) § 23. (BGB. S. 377 und 198.)

§ 277. (256) Wer unter der ihm nicht zustehenden Bezeichnung als Arzt oder als eine andere approbirte Medizinalperson oder unberechtigt unter dem Namen solcher Personen ein Zeugniß über seinen oder eines Anderen Gesundheitszustand ausstellt oder ein derartiges echtes Zeugniß verfälscht, und davon zur Täuschung von Behörden oder Versicherungsgesellschaften Gebrauch macht, wird mit Gefängniß bis zu einem Jahre bestraft. — § 280.

Bund.-Gew.-Ordn. vom 21. Juni 1869 §§ 29 und 147 No. 3.

§ 278.(257) Aerzte und andere approbirte Medizinalpersonen, welche ein unrichtiges Zeugniß über den Gesundheitszustand eines Menschen zum Gebrauche bei einer Behörde oder Versicherungsgesellschaft wider besseres Wissen ausstellen, werden mit Gefängniß von einem Monat bis zu zwei Jahren bestraft. — § 280; Bundes-Gew.-Ordn. § 29.

§ 279.(258) Wer, um eine Behörde oder eine Versicherungsgesellschaft über seinen oder eines Anderen Gesundheitszustand zu täuschen, von einem Zeugnisse der in den §§ 277 und 278 bezeichneten Art Gebrauch macht, wird mit Gefängniß bis zu einem Jahre bestraft. — § 280.

§ 280. Neben einer nach Vorschrift der §§ 267, 274, 275, 277 bis 279 erkannten Gefängnißstrafe kann auf Verlust der bürgerlichen Ehrenrechte erkannt werden.

Vierundzwanzigster Abschnitt.

Bankerutt.

Vgl. wegen der den Konkurs betreffenden Strafvorschriften E. G. § 2 A. 3 und Bund. Ges. vom 5. Juni 1869 (Einf. des Allg. D. HGB. § 3 B. No. 7. (BGB. S. 380.)

§ 281.(259) Kaufleute, welche ihre Zahlungen eingestellt haben, werden wegen betrüglichen Bankerutts mit Zuchthaus bestraft, wenn sie, in der Absicht ihre Gläubiger zu benachtheiligen,

1) Vermögensstücke verheimlicht oder bei Seite geschafft haben;
2) Schulden oder Rechtsgeschäfte anerkannt oder auf-

gestellt haben, welche ganz oder theilweise erdichtet sind;

3) Handelsbücher zu führen unterlassen haben, deren Führung ihnen gesetzlich oblag, oder

4) ihre Handelsbücher vernichtet oder verheimlicht oder so geführt oder verändert haben, daß dieselben keine Uebersicht des Vermögenszustandes gewähren.

Sind mildernde Umstände vorhanden, so tritt Gefängnißstrafe nicht unter drei Monaten ein.

Vgl. Art. 4, 10, 28 des Allgem. D. H.G.B.; der I. Entw. (Juli 1869) wies rücksichtlich des Begriffs „Kaufmann" ausdrücklich auf Art. 4. hin.

§ 282.(260) Mit Zuchthaus bis zu zehn Jahren wird bestraft, wer

1) im Interesse eines Kaufmanns, welcher seine Zahlungen eingestellt hat, Vermögensstücke desselben verheimlicht oder bei Seite geschafft hat, oder

2) im Interesse eines Kaufmanns, welcher seine Zahlungen eingestellt hat, oder, um sich oder einem Anderen Vermögensvortheil zu verschaffen, erdichtete Forderungen im eigenen Namen oder durch vorgeschobene Personen geltend gemacht hat.

Sind mildernde Umstände vorhanden, so tritt Gefängnißstrafe oder Geldstrafe bis zu zweitausend Thalern ein.

§ 283.(261) Kaufleute, welche ihre Zahlungen eingestellt haben, werden wegen einfachen Bankerutts mit Gefängniß bis zu zwei Jahren bestraft, wenn sie

1) durch Aufwand, Spiel oder Differenzhandel mit

Waaren oder Börsenpapieren übermäßige Summen verbraucht haben oder schuldig geworden sind

2) Handelsbücher zu führen unterlassen haben, deren Führung ihnen gesetzlich oblag, oder dieselben verheimlicht, vernichtet oder so unordentlich geführt haben, daß sie keine Uebersicht des Vermögenszustandes gewähren, oder

3) es unterlassen haben, die Bilanz ihres Vermögens in der gesetzlich vorgeschriebenen Zeit zu ziehen.

Vgl. Allg. D. Hand. G. B. Art. 28, 29, 10.

Fünfundzwanzigster Abschnitt.

Strafbarer Eigennutz und Verletzung fremder Geheimnisse.

§ 284.(266) Wer aus dem Glücksspiele ein Gewerbe macht, wird mit Gefängniß bis zu zwei Jahren bestraft, neben welchem auf Geldstrafe von einhundert bis zu zweitausend Thalern, sowie auf Verlust der bürgerlichen Ehrenrechte erkannt werden kann.

Ist der Verurtheilte ein Ausländer, so ist die Landespolizeibehörde befugt, denselben aus dem Bundesgebiete zu verweisen. (Vgl. §§ 39 No. 2, 361 No. 2.)

§ 285.(267) Der Inhaber eines öffentlichen Versammlungsorts, welcher Glücksspiele daselbst gestattet oder zur Verheimlichung solcher Spiele mitwirkt, wird mit Geldstrafe bis zu fünfhundert Thalern bestraft.

§ 286.(268) Wer ohne obrigkeitliche Erlaubniß öffentliche Lotterien veranstaltet, wird mit Gefängniß bis zu zwei Jahren oder mit Geldstrafe bis zu eintausend Thalern bestraft.

Den Lotterien sind öffentlich veranstaltete Ausspielungen beweglicher oder unbeweglicher Sachen gleich zu achten.

§ 287.(269) Wer Waaren oder deren Verpackung fälschlich mit dem Namen oder der Firma eines inländischen Fabrikunternehmers, Produzenten oder Kaufmanns bezeichnet oder wissentlich dergleichen fälschlich bezeichnete Waaren in Verkehr bringt, wird mit Geldstrafe von funzig bis zu eintausend Thalern oder mit Gefängniß bis zu sechs Monaten bestraft.

Dieselbe Strafe tritt ein, wenn die Handlung gegen Angehörige eines fremden Staats gerichtet ist, in welchem nach veröffentlichten Staatsverträgen oder nach Gesetzen die Gegenseitigkeit verbürgt ist.

Die Strafe wird dadurch nicht ausgeschlossen, daß bei der Waarenbezeichnung der Name oder die Firma mit so geringen Abänderungen wiedergegeben wird, daß die letzteren nur durch Anwendung besonderer Aufmerksamkeit wahrgenommen werden können.

§ 288. Wer bei einer ihm drohenden Zwangsvollstreckung in der Absicht, die Befriedigung des Gläubigers zu vereiteln, Bestandtheile seines Vermögens veräußert oder bei Seite schafft, wird mit Gefängniß bis zu zwei Jahren bestraft. — § 137.

Die Verfolgung tritt nur auf Antrag des Gläubigers ein.

§ 289.(271) Wer seine eigene bewegliche Sache, oder eine fremde bewegliche Sache zu Gunsten des Eigenthümers derselben, dem Nutznießer, Pfandgläubiger oder demjenigen, welchem an der Sache ein Gebrauchs- oder Zurückbehaltungsrecht zusteht, in rechtswidriger Absicht wegnimmt, wird mit Gefängniß bis zu drei Jahren oder mit Geldstrafe bis zu dreihundert Thalern bestraft.

Neben der Gefängnißstrafe kann auf Verlust der bürgerlichen Ehrenrechte erkannt werden.

Der Versuch ist strafbar.

Die Verfolgung tritt nur auf Antrag ein.

Die Bestimmungen des § 247 Absatz 2. und 3. finden auch hier Anwendung.

§ 290.(265) Oeffentliche Pfandleiher, welche die von ihnen in Pfand genommenen Gegenstände unbefugt in Gebrauch nehmen, werden mit Gefängniß bis zu einem Jahre, neben welchem auf Geldstrafe bis zu dreihundert Thalern erkannt werden kann, bestraft. — Bund. Gew. Ord. §§ 1, 35 A. 2 und 148 No. 4.

§ 291.(349 No. 5) Wer die bei den Uebungen der Artillerie verschossene Munition, oder wer Bleikugeln aus den Kugelfängen der Schießstände der Truppen sich widerrechtlich zueignet, wird mit Gefängniß bis zu einem Jahre oder mit Geldstrafe bis zu dreihundert Thalern bestraft.

§ 292.(274) Wer an Orten, an denen zu jagen er nicht berechtigt ist, die Jagd ausübt, wird mit Geldstrafe bis zu einhundert Thalern oder mit Gefängniß bis zu drei Monaten bestraft. — § 368 No. 10.

Die Verfolgung tritt nur auf Antrag ein.

§ 293.(275) Die Strafe kann auf Geldstrafe bis zu zweihundert Thalern oder auf Gefängniß bis zu sechs

Monaten erhöht werden, wenn dem Wilde nicht mit Schießgewehr oder Hunden, sondern mit Schlingen, Netzen, Fallen oder anderen Vorrichtungen nachgestellt oder, wenn das Vergehen während der gesetzlichen Schonzeit, in Wäldern, zur Nachtzeit oder gemeinschaftlich von Mehreren begangen wird.

§ 294.(276) Wer unberechtigtes Jagen gewerbsmäßig betreibt, wird mit Gefängniß nicht unter drei Monaten bestraft; auch kann auf Verlust der bürgerlichen Ehrenrechte, sowie auf Zulässigkeit von Polizei-Aufsicht erkannt werden.

§ 295.(277) Neben der durch das Jagdvergehen verwirkten Strafe ist auf Einziehung des Gewehrs, des Jagdgeräths und der Hunde, welche der Thäter bei dem unberechtigten Jagen bei sich geführt hat, ingleichen der Schlingen, Netze, Fallen und anderen Vorrichtungen zu erkennen, ohne Unterschied, ob sie dem Verurtheilten gehören oder nicht. — §§ 40, 42.

§ 296.(273) Wer zur Nachtzeit, bei Fackellicht oder unter Anwendung schädlicher oder explodirender Stoffe unberechtigt fischt oder krebst, wird mit Geldstrafe bis zu zweihundert Thalern oder mit Gefängniß bis zu sechs Monaten bestraft. — § 370 No. 4. —

Die Verfolgung tritt nur auf Antrag ein.

§ 297.(278) Ein Reisender oder Schiffsmann, welcher ohne Vorwissen des Schiffers, ingleichen ein Schiffer, welcher ohne Vorwissen des Rheders Gegenstände an Bord nimmt, welche das Schiff oder die Ladung gefährden, indem sie die Beschlagnahme oder Einziehung des Schiffes oder der Ladung veranlassen können, wird mit

Geldstrafe bis zu fünfhundert Thalern oder mit Gefängniß bis zu zwei Jahren bestraft.

§ 298.(279) Ein Schiffsmann, welcher mit der Heuer entläuft, oder sich verborgen hält, um sich dem übernommenen Dienste zu entziehen, wird, ohne Unterschied, ob das Vergehen im Inlande oder im Auslande begangen worden ist, mit Gefängniß bis zu einem Jahre bestraft.

§ 299.(280) Wer einen verschlossenen Brief oder eine andere verschlossene Urkunde, die nicht zu seiner Kenntnißnahme bestimmt ist, vorsätzlich und unbefugter Weise eröffnet, wird mit Geldstrafe bis zu einhundert Thalern oder mit Gefängniß bis zu drei Monaten bestraft.

Die Verfolgung tritt nur auf Antrag ein.

§ 300.(155) Rechtsanwalte, Advokaten, Notare, Vertheidiger in Strafsachen, Aerzte, Wundärzte, Hebammen, Apotheker, sowie die Gehülfen dieser Personen werden, wenn sie unbefugt Privatgeheimnisse offenbaren, die ihnen kraft ihres Amtes, Standes oder Gewerbes anvertraut sind, mit Geldstrafe bis zu fünfhundert Thalern oder mit Gefängniß bis zu drei Monaten bestraft.

Die Verfolgung tritt nur auf Antrag ein.

§ 301. Wer in gewinnsüchtiger Absicht und unter Benutzung des Leichtsinns oder der Unerfahrenheit eines Minderjährigen sich von demselben Schuldscheine, Wechsel, Empfangsbekenntnisse, Bürgschafts-Instrumente oder eine andere, eine Verpflichtung enthaltende Urkunde ausstellen oder auch nur mündlich ein Zahlungsversprechen ertheilen läßt, wird mit Gefängniß bis zu sechs Monaten oder mit Geldstrafe bis zu fünfhundert Thalern bestraft. — § 302.

Die Verfolgung tritt nur auf Antrag ein.

Die §§ 301 und 302 sind, jedoch unter wesentlichen Abänderungen, dem Preuß. Gesetz über das unerlaubte Kreditgeben an Minderjährige vom 2. März 1857 — Pr. G. S. S. 111 — entnommen.

§ 302. Wer in gewinnsüchtiger Absicht und unter Benutzung des Leichtsinns oder der Unerfahrenheit eines Minderjährigen sich von demselben unter Verpfändung der Ehre, auf Ehrenwort, eidlich oder unter ähnlichen Versicherungen oder Betheuerungen die Zahlung einer Geldsumme oder die Erfüllung einer anderen, auf Gewährung geldwerther Sachen gerichteten Verpflichtung aus einem Rechtsgeschäfte versprechen läßt, wird mit Gefängniß bis zu einem Jahre oder mit Geldstrafe bis zu eintausend Thalern bestraft.

Neben der Gefängnißstrafe kann auf Verlust der bürgerlichen Ehrenrechte erkannt werden.

Dieselbe Strafe trifft denjenigen, welcher sich eine Forderung, von der er weiß, daß deren Berichtigung ein Minderjähriger in der vorbezeichneten Weise versprochen hat, abtreten läßt. — § 301.

Die Verfolgung tritt nur auf Antrag ein.

Sechsundzwanzigster Abschnitt.

Sachbeschädigung.

§ 303.(281) Wer vorsätzlich und rechtswidrig eine fremde Sache beschädigt oder zerstört, wird mit Geldstrafe bis zu dreihundert Thalern oder mit Gefängniß bis zu zwei Jahren bestraft.

Der Versuch ist strafbar.

Die Verfolgung tritt nur auf Antrag ein.

§ 304.(282) Wer vorsätzlich und rechtswidrig Gegenstände der Verehrung einer im Staate bestehenden Religionsgesellschaft, oder Sachen, die dem Gottesdienste gewidmet sind, oder Grabmäler, öffentliche Denkmäler, Gegenstände der Kunst, der Wissenschaft oder des Gewerbes, welche in öffentlichen Sammlungen aufbewahrt werden oder öffentlich aufgestellt sind, oder Gegenstände, welche zum öffentlichen Nutzen oder zur Verschönerung öffentlicher Wege, Plätze oder Anlagen dienen, beschädigt oder zerstört, wird mit Gefängniß bis zu drei Jahren oder mit Geldstrafe bis zu fünfhundert Thalern bestraft.

Neben der Gefängnißstrafe kann auf Verlust der bürgerlichen Ehrenrechte erkannt werden.

Der Versuch ist strafbar.

§ 305.(283) Wer vorsätzlich und rechtswidrig ein Gebäude, ein Schiff, eine Brücke, einen Damm, eine gebaute Straße, eine Eisenbahn oder ein anderes Bauwerk, welche fremdes Eigenthum sind, ganz oder theilweise zerstört, wird mit Gefängniß nicht unter einem Monat bestraft.

Der Versuch ist strafbar.

Siebenundzwanzigster Abschnitt.

Gemeingefährliche Verbrechen und Vergehen.

§ 306.(285) Wegen Brandstiftung wird mit Zuchthaus bestraft, wer vorsätzlich in Brand setzt

1) ein zu gottesdienstlichen Versammlungen bestimmtes Gebäude;

2) ein Gebäude, ein Schiff oder eine Hütte, welche zur Wohnung von Menschen dienen, oder
3) eine Räumlichkeit, welche zeitweise zum Aufenthalt von Menschen dient, und zwar zu einer Zeit, während welcher Menschen in derselben sich aufzuhalten pflegen.

Vgl. §§ 265, 307 ff., 325.

§ 307. Die Brandstiftung (§ 306.) wird mit Zuchthaus nicht unter zehn Jahren oder mit lebenslänglichem Zuchthaus bestraft, wenn

1) (285 Anf.) der Brand den Tod eines Menschen dadurch verursacht hat, daß dieser zur Zeit der That in einer der in Brand gesetzten Räumlichkeiten sich befand;
2) die Brandstiftung in der Absicht begangen worden ist, um unter Begünstigung derselben Mord oder Raub zu begehen oder einen Aufruhr zu erregen, oder
3) der Brandstifter, um das Löschen des Feuers zu verhindern oder zu erschweren, Löschgeräthschaften entfernt oder unbrauchbar gemacht hat.

Vgl. § 325; E. G. § 4.

§ 308. (286. 287) Wegen Brandstiftung wird mit Zuchthaus bis zu zehn Jahren bestraft, wer vorsätzlich Gebäude, Schiffe, Hütten, Bergwerke, Magazine, Waarenvorräthe, welche auf dazu bestimmten öffentlichen Plätzen lagern, Vorräthe von landwirthschaftlichen Erzeugnissen oder von Bau- oder Brennmaterialien, Früchte auf dem Felde, Waldungen oder Torfmoore in Brand setzt, wenn diese

Gegenstände entweder fremdes Eigenthum sind, oder zwar dem Brandstifter eigenthümlich gehören, jedoch ihrer Beschaffenheit und Lage nach geeignet sind, das Feuer einer der im § 306 No. 1 bis 3 bezeichneten Räumlichkeiten oder einem der vorstehend bezeichneten fremden Gegenstände mitzutheilen. — §§ 265. 325.

Sind mildernde Umstände vorhanden, so tritt Gefängnißstrafe nicht unter sechs Monaten ein.

War die Absicht auf eine in §§ 306. 307 vorgesehene Brandstiftung gerichtet, so tritt im 2. Falle des § 308 nach Maßgabe des § 73 (ideale Konkurrenz) die Strafe des Versuches jener Verbrechen ein.

§ 309.(288) Wer durch Fahrlässigkeit einen Brand der in den §§ 306 und 308 bezeichneten Art herbeiführt, wird mit Gefängniß bis zu einem Jahre oder mit Geldstrafe bis zu dreihundert Thalern und, wenn durch den Brand der Tod eines Menschen verursacht worden ist, mit Gefängniß von einem Monat bis zu drei Jahren bestraft.

§ 310. Hat der Thäter den Brand, bevor derselbe entdeckt und ein weiterer als der durch die bloße Inbrandsetzung bewirkte Schaden entstanden war, wieder gelöscht, so tritt Straflosigkeit ein.

Auf bloße Versuchshandlungen ist § 310 nicht beschränkt. Vgl. § 46 No. 2.

§ 311.(289) Die gänzliche oder theilweise Zerstörung einer Sache durch Gebrauch von Pulver oder anderen explodirenden Stoffen ist der Inbrandsetzung der Sache gleich zu achten. — § 325; E. G. § 4.

§ 312.(290) Wer mit gemeiner Gefahr für Menschenleben vorsätzlich eine Ueberschwemmung herbeiführt, wird mit Zuchthaus nicht unter drei Jahren und, wenn durch die Ueberschwemmung der Tod eines Menschen verursacht worden ist, mit Zuchthaus nicht unter zehn Jahren oder mit lebenslänglichem Zuchthaus bestraft. — § 325; E.G. § 4.

§ 313.(291, 292) Wer mit gemeiner Gefahr für das Eigenthum vorsätzlich eine Ueberschwemmung herbeiführt, wird mit Zuchthaus bestraft. — § 325.

Ist jedoch die Absicht des Thäters nur auf Schutz seines Eigenthums gerichtet gewesen, so ist auf Gefängniß nicht unter einem Jahre zu erkennen.

§ 314.(293) Wer eine Ueberschwemmung mit gemeiner Gefahr für Leben oder Eigenthum durch Fahrlässigkeit herbeiführt, wird mit Gefängniß bis zu einem Jahre und, wenn durch die Ueberschwemmung der Tod eines Menschen verursacht worden ist, mit Gefängniß von einem Monat bis zu drei Jahren bestraft.

§ 315.(294) Wer vorsätzlich Eisenbahnanlagen, Beförderungsmittel oder sonstiges Zubehör derselben dergestalt beschädigt, oder auf der Fahrbahn durch falsche Zeichen oder Signale oder auf andere Weise solche Hindernisse bereitet, daß dadurch der Transport in Gefahr gesetzt wird, wird mit Zuchthaus bis zu zehn Jahren bestraft. — § 325.

Ist durch die Handlung eine schwere Körperverletzung (— § 224) verursacht worden, so tritt Zuchthausstrafe nicht unter fünf Jahren und, wenn der Tod eines Menschen aerursacht worden ist, Zuchthausstrafe nicht unter zehn Jahren oder lebenslängliche Zuchthausstrafe ein. E. G. § 4.

§ 316.(295) Wer fahrlässigerweise durch eine der

vorbezeichneten Handlungen den Transport auf einer Eisenbahn in Gefahr setzt, wird mit Gefängniß bis zu einem Jahre und, wenn durch die Handlung der Tod eines Menschen verursacht worden ist, mit Gefängniß von einem Monat bis zu drei Jahren bestraft.

Gleiche Strafe trifft die zur Leitung der Eisenbahnfahrten und zur Aufsicht über die Bahn und den Beförderungsbetrieb angestellten Personen, wenn sie durch Vernachlässigung der ihnen obliegenden Pflichten einen Transport in Gefahr setzen. — § 319.

§ 317.(296) Wer gegen eine zu öffentlichen Zwecken dienende Telegraphen-Anstalt vorsätzlich Handlungen begeht, welche die Benutzung dieser Anstalt verhindern oder stören, wird mit Gefängniß von einem Monat bis zu drei Jahren bestraft.

§ 318.(298) Wer gegen eine zu öffentlichen Zwecken dienende Telegraphen-Anstalt fahrlässiger Weise Handlungen begeht, welche die Benutzung dieser Anstalt verhindern oder stören, wird mit Gefängniß bis zu einem Jahre oder mit Geldstrafe bis zu dreihundert Thalern bestraft.

Gleiche Strafe trifft die zur Beaufsichtigung und Bedienung der Telegraphen-Anstalten und ihrer Zubehörungen angestellten Personen, wenn sie durch Vernachlässigung der ihnen obliegenden Pflichten die Benutzung der Anstalt verhindern oder stören. — § 319.

§ 319.(299) Wird einer der in den §§ 316. und 318. erwähnten Angestellten wegen einer der daselbst bezeichneten Handlungen verurtheilt, so kann derselbe zugleich für unfähig zu einer Beschäftigung im Eisenbahn- oder Telegraphen-Dienste oder in bestimmten Zweigen dieser Dienste erklärt werden.

§ 320.(300) Die Vorsteher einer Eisenbahn-Gesellschaft, sowie die Vorsteher einer zu öffentlichen Zwecken dienenden Telegraphen-Anstalt, welche nicht sofort nach Mittheilung des rechtskräftigen Erkenntnisses die Entfernung des Verurtheilten bewirken, werden mit Geldstrafe bis zu einhundert Thalern oder mit Gefängniß bis zu drei Monaten bestraft.

Gleiche Strafe trifft denjenigen, welcher für unfähig zum Eisenbahn- oder Telegraphendienste erklärt worden ist, wenn er sich nachher bei einer Eisenbahn oder Telegraphen-Anstalt wieder anstellen läßt, so wie diejenigen, welche ihn wieder angestellt haben, obgleich ihnen die erfolgte Unfähigkeitserklärung bekannt war.

§ 321.(301) Wer vorsätzlich Wasserleitungen, Schleusen, Wehre, Deiche, Dämme oder andere Wasserbauten oder Brücken, Fähren, Wege oder Schutzwehre zerstört oder beschädigt, oder in schiffbaren Strömen, Flüssen oder Kanälen das Fahrwasser stört und durch eine dieser Handlungen Gefahr für das Leben oder die Gesundheit Anderer herbeiführt, wird mit Gefängniß nicht unter drei Monaten bestraft.

Ist durch eine dieser Handlungen eine schwere Körperverletzung (— § 224) verursacht worden, so tritt Zuchthausstrafe bis zu fünf Jahren und, wenn der Tod eines Menschen verursacht worden ist, Zuchthausstrafe nicht unter fünf Jahren ein. — § 325.

§ 322.(302) Wer vorsätzlich ein zur Sicherung der Schifffahrt bestimmtes Feuerzeichen oder ein anderes zu diesem Zwecke aufgestelltes Zeichen zerstört, wegschafft oder unbrauchbar macht, oder ein solches Feuerzeichen auslöscht oder seiner Dienstpflicht zuwider nicht aufstellt, oder ein falsches Zeichen, welches geeignet ist, die Schifffahrt unsicher zu machen, aufstellt, insbesondere zur Nachtzeit auf der Strandhöhe Feuer anzündet, welches die Schifffahrt zu gefährden geeignet ist, wird mit Zuchthaus bis zu zehn Jahren bestraft.

Ist durch die Handlung die Strandung eines Schiffes verursacht worden, so tritt Zuchthausstrafe nicht unter fünf Jahren und, wenn der Tod eines Menschen verursacht worden ist, Zuchthausstrafe nicht unter zehn Jahren oder lebenslängliche Zuchthausstrafe ein. — § 325; E. G. § 4.

§ 323.(303) Wer vorsätzlich die Strandung oder das Sinken eines Schiffes bewirkt und dadurch Gefahr für das Leben eines Anderen herbeiführt, wird mit Zuchthaus nicht unter fünf Jahren und, wenn durch die Handlung der Tod eines Menschen verursacht worden ist, mit Zuchthaus nicht unter zehn Jahren oder mit lebenslänglichem Zuchthaus bestraft. — § 325. E. G. § 4.

§ 324.(304) Wer vorsätzlich Brunnen- oder Wasserbehälter, welche zum Gebrauche Anderer dienen, oder Gegenstände, welche zum öffentlichen Verkaufe oder Verbrauche bestimmt sind, vergiftet oder denselben Stoffe beimischt, von denen ihm bekannt ist, daß sie die menschliche Gesundheit zu zerstören geeignet sind, ingleichen wer solche vergiftete oder mit gefährlichen Stoffen vermischte Sachen wissentlich und mit Verschweigung dieser Eigenschaft verkauft, feilhält oder sonst in Verkehr bringt, wird mit Zuchthaus bis zu zehn Jahren und, wenn durch die Handlung der Tod eines Menschen verursacht worden ist, mit Zuchthaus nicht unter zehn Jahren oder mit lebenslänglichem Zuchthaus bestraft. — E. G. § 4. —

§ 325.(305) Neben der nach den Vorschriften der §§ 306. bis 308. 311. bis 313. 315. 321. bis 324. erkannten Zuchthausstrafe kann auf Zulässigkeit von Polizei-Aufsicht erkannt werden.

§ 326.(301—304, Schlußsätze.) Ist eine der in den §§ 321. bis 324. bezeichneten Handlungen aus Fahrlässigkeit begangen worden, so ist, wenn durch die Handlung ein Schaden verursacht worden ist, auf Gefängniß bis zu einem Jahre und, wenn der Tod eines Menschen verursacht worden ist, auf Gefängniß von einem Monat bis zu drei Jahren zu erkennen.

§ 327.(306) Wer die Absperrungs- oder Aufsichts-Maßregeln oder Einfuhrverbote, welche von der zuständigen Behörde zur Verhütung des Einführens oder Verbreitens einer ansteckenden Krankheit angeordnet worden sind, wissentlich verletzt, wird mit Gefängniß bis zu zwei Jahren bestraft.

Ist in Folge dieser Verletzung ein Mensch von der ansteckenden Krankheit ergriffen worden, so tritt Gefängnißstrafe von drei Monaten bis zu drei Jahren ein.

§ 328.(307) Wer die Absperrungs- oder Aufsichts-Maßregeln oder Einfuhrverbote, welche von der zuständigen Behörde zur Verhütung des Einführens oder Verbreitens von Viehseuchen angeordnet worden sind, wissentlich verletzt, wird mit Gefängniß bis zu einem Jahre bestraft.

Ist in Folge dieser Verletzung Vieh von der Seuche

ergriffen worden, so tritt Gefängnißstrafe von einem Monat bis zu zwei Jahren ein.

§ 329.(308) Wer die mit einer Behörde geschlossenen Lieferungsverträge über Bedürfnisse des Heeres oder der Marine zur Zeit eines Krieges, oder über Lebensmittel zur Abwendung oder Beseitigung eines Nothstandes, vorsätzlich entweder nicht zur bestimmten Zeit oder nicht in der vorbedungenen Weise erfüllt, wird mit Gefängniß nicht unter sechs Monaten bestraft; auch kann auf Verlust der bürgerlichen Ehrenrechte erkannt werden.

Liegt der Nichterfüllung des Vertrages Fahrlässigkeit zum Grunde, so ist, wenn durch die Handlung ein Schaden verursacht worden ist, auf Gefängniß bis zu zwei Jahren zu erkennen.

Dieselben Strafen finden auch gegen die Unterlieferanten, Vermittler und Bevollmächtigten des Lieferanten Anwendung, welche mit Kenntniß des Zweckes der Lieferung die Nichterfüllung derselben vorsätzlich oder aus Fahrlässigkeit verursachen.

§ 330.(202) Wer bei der Leitung oder Ausführung eines Baues wider die allgemein anerkannten Regeln der Baukunst dergestalt handelt, daß hieraus für Andere Gefahr entsteht, wird mit Geldstrafe bis zu dreihundert Thalern oder mit Gefängniß bis zu einem Jahre bestraft.

Achtundzwanzigster Abschnitt.

Verbrechen und Vergehen im Amte.

Wer als Beamter anzusehen vgl. § 359.

§ 331.(309) Ein Beamter, welcher für eine in sein Amt einschlagende, an sich nicht pflichtwidrige Handlung Geschenke oder andere Vortheile annimmt, fordert oder sich versprechen läßt, wird mit Geldstrafe bis zu einhundert Thalern oder mit Gefängniß bis zu sechs Monaten bestraft. — § 335, 358.

§ 332.(310) Ein Beamter, welcher für eine Handlung, die eine Verletzung einer Amts- oder Dienstpflicht enthält, Geschenke oder andere Vortheile annimmt, fordert oder sich versprechen läßt, wird wegen Bestechung mit Zuchthaus bis zu fünf Jahren bestraft.

Sind mildernde Umstände vorhanden, so tritt Gefängnißstrafe ein.

§ 335.

§ 333.(311) Wer einem Beamten oder einem Mitgliede der bewaffneten Macht Geschenke oder andere Vortheile anbietet, verspricht oder gewährt, um ihn zu einer Handlung, die eine Verletzung einer Amts- oder Dienstpflicht enthält, zu bestimmen, wird wegen Bestechung mit Gefängniß bestraft; auch kann auf Verlust der bürgerlichen Ehrenrechte erkannt werden.

Sind mildernde Umstände vorhanden, so kann auf Geldstrafe bis zu fünfhundert Thalern erkannt werden.

§ 335.

§ 334.(312. 310. 311. 313) Ein Richter, Schiedsrichter, Geschworener oder Schöffe, welcher Geschenke oder andere Vortheile fordert, annimmt oder sich versprechen läßt, um eine Rechtssache, deren Leitung oder Entscheidung ihm obliegt, zu Gunsten oder zum Nachtheile eines Betheiligten zu leiten oder zu entscheiden, wird mit Zuchthaus bestraft.

Derjenige, welcher einem Richter, Schiedsrichter, Geschworenen oder Schöffen zu dem vorbezeichneten Zwecke Geschenke oder andere Vortheile anbietet, verspricht oder gewährt, wird mit Zuchthaus bestraft. Sind mildernde Umstände vorhanden, so tritt Gefängnißstrafe ein.

§ 335.

§ 335.(309—313) In den Fällen der §§ 331 bis 334 ist im Urtheile das Empfangene oder der Werth desselben für dem Staate verfallen zu erklären. — § 40.

§ 336.(314) Ein Beamter oder Schiedsrichter, welcher sich bei der Leitung oder Entscheidung einer Rechtssache vorsätzlich zu Gunsten oder zum Nachtheile einer Partei einer Beugung des Rechtes schuldig macht, wird mit Zuchthaus bis zu fünf Jahren bestraft.

§ 337. Ein Geistlicher oder anderer Religionsdiener, welcher zu den religiösen Feierlichkeiten einer Eheschließung schreitet, bevor ihm nachgewiesen worden ist, daß eine Heirathsurkunde von dem Personenstandsbeamten aufgenommen sei, wird, wenn zur bürgerlichen Gültigkeit der Ehe die Aufnahme einer Heirathsurkunde erforderlich ist, mit Geldstrafe bis zu einhundert Thalern oder mit Gefängniß bis zu drei Monaten bestraft.

§ 337 verallgemeinert den für den Bezirk des App. Ger. Köln geltenden Art. 12 § 5. des Pr. Einf. Ges. v. 14. Apr. 1851.

§ 338.(139 A. 2.) Ein Religionsdiener oder Personenstandsbeamter, welcher, wissend, daß eine Person verheirathet ist, eine neue Ehe derselben schließt, wird mit Zuchthaus bis zu fünf Jahren bestraft. — § 171.

§ 339.(315) Ein Beamter, welcher durch Mißbrauch seiner Amtsgewalt oder durch Androhung eines bestimmten Mißbrauchs derselben Jemand zu einer Handlung, Duldung oder Unterlassung widerrechtlich nöthigt, wird mit Gefängniß bestraft. — § 358.

Der Versuch ist strafbar.

In den Fällen der §§ 106. 107. 167. und 253. tritt die daselbst angedrohte Strafe ein, wenn die Handlung von einem Beamten, wenn auch ohne Gewalt oder Drohung, aber durch Mißbrauch seiner Amtsgewalt oder Androhung eines bestimmten Mißbrauchs derselben begangen ist.

§ 340.(316) Ein Beamter, welcher in Ausübung oder in Veranlassung der Ausübung seines Amtes vorsätzlich eine Körperverletzung begeht oder begehen läßt, wird mit Gefängniß nicht unter drei Monaten bestraft. Sind mildernde Umstände vorhanden, so kann die Strafe bis auf einen Tag Gefängniß ermäßigt oder auf Geldstrafe bis zu dreihundert Thalern erkannt werden. — § 358.

Ist die Körperverletzung eine schwere, (— § 224), so ist auf Zuchthaus nicht unter zwei Jahren zu erkennen. Sind mildernde Umstände vorhanden, so tritt Gefängnißstrafe nicht unter drei Monaten ein.

§ 341.(317) Ein Beamter, welcher vorsätzlich, ohne hierzu berechtigt zu sein, eine Verhaftung oder vorläufige Ergreifung und Festnahme oder Zwangsgestellung vornimmt oder vornehmen läßt oder die Dauer einer Freiheitsentziehung verlängert, wird nach Vorschrift des § 239., jedoch mindestens mit Gefängniß von drei Monaten bestraft. — § 358.

§ 342. Ein Beamter, der in Ausübung oder in Veranlassung der Ausübung seines Amtes einen Hausfriedensbruch (§ 123.) begeht, wird mit Gefängniß bis zu einem Jahre oder mit Geldstrafe bis zu dreihundert Thalern bestraft.

§ 343.(319) Ein Beamter, welcher in einer Untersuchung Zwangsmittel anwendet oder anwenden läßt, um Geständnisse oder Aussagen zu erpressen, wird mit Zuchthaus bis zu fünf Jahren bestraft.

§ 344.(320) Ein Beamter, welcher vorsätzlich zum Nachtheile einer Person, deren Unschuld ihm bekannt ist, die Eröffnung oder Fortsetzung einer Untersuchung beantragt oder beschließt, wird mit Zuchthaus bestraft.

§ 345.(320 A. 2, 3) Gleiche Strafe trifft den Beamten, welcher vorsätzlich eine Strafe vollstrecken läßt, von der er weiß, daß sie überhaupt nicht oder nicht der Art oder dem Maße nach vollstreckt werden darf.

Ist die Handlung aus Fahrlässigkeit begangen, so tritt Gefängnißstrafe oder Festungshaft bis zu einem Jahre oder Geldstrafe bis zu dreihundert Thalern ein.

§ 346.(321) Ein Beamter, welcher vermöge seines Amtes bei Ausübung der Strafgewalt oder bei Vollstreckung der Strafe mitzuwirken hat, wird mit Zuchthaus bis zu fünf Jahren bestraft, wenn er in der Absicht, Jemand der gesetzlichen Strafe rechtswidrig zu entziehen, die Verfolgung einer strafbaren Handlung unterläßt, oder eine Handlung begeht, welche geeignet ist, eine Freisprechung oder eine dem Gesetze nicht entsprechende Bestrafung zu bewirken, oder die Vollstreckung der ausgesprochenen Strafe nicht betreibt, oder eine gelindere als die erkannte Strafe zur Vollstreckung bringt.

Sind mildernde Umstände vorhanden, so tritt Gefängnißstrafe nicht unter einem Monat ein.

§ 347.(322) Ein Beamter, welcher einen Gefangenen, dessen Beaufsichtigung, Begleitung oder Bewachung ihm anvertraut ist, vorsätzlich entweichen läßt oder dessen Befreiung vorsätzlich bewirkt oder befördert, wird mit Zuchthaus bis zu fünf Jahren bestraft. Sind mildernde Umstände vorhanden, so tritt Gefängnißstrafe nicht unter einem Monat ein. — § 121.

Ist die Entweichung durch Fahrlässigkeit befördert oder erleichtert worden, so tritt Gefängnißstrafe bis zu sechs Monaten oder Geldstrafe bis zu zweihundert Thalern ein. — § 121, A. 2.

§ 348. Ein Beamter, welcher zur Aufnahme öffentlicher Urkunden befugt, innerhalb seiner Zuständigkeit vorsätzlich eine rechtlich erhebliche Thatsache falsch beurkundet oder in öffentliche Register oder Bücher falsch einträgt, wird mit Gefängniß nicht unter einem Monat bestraft. — Vgl. §§ 349. 271. 272.

Dieselbe Strafe trifft einen Beamten, welcher eine ihm amtlich anvertraute oder zugängliche Urkunde vorsätzlich vernichtet, bei Seite schafft, beschädigt oder verfälscht. — §§ 349. 133.

§ 349.(323) Wird eine der im § 348. bezeichneten Handlungen in der Absicht begangen, sich oder einem Anderen einen Vermögensvortheil zu verschaffen oder einem

Anderen Schaden zuzufügen, so ist auf Zuchthaus bis zu zehn Jahren und zugleich auf Geldstrafe von funfzig bis zu eintausend Thalern zu erkennen. — §§ 348. 271. 272.

§ 350.(324) Ein Beamter, welcher Gelder oder andere Sachen, die er in amtlicher Eigenschaft empfangen oder in Gewahrsam hat, unterschlägt, wird mit Gefängniß nicht unter drei Monaten bestraft; auch kann auf Verlust der bürgerlichen Ehrenrechte erkannt werden. — § 246.

Der Versuch ist strafbar.

§ 351.(325) Hat der Beamte in Beziehung auf die Unterschlagung die zur Eintragung oder Kontrole der Einnahmen oder Ausgaben bestimmten Rechnungen, Register oder Bücher unrichtig geführt, verfälscht oder unterdrückt, oder unrichtige Abschlüsse oder Auszüge aus diesen Rechnungen, Registern oder Büchern, oder unrichtige Beläge zu denselben vorgelegt, oder ist in Beziehung auf die Unterschlagung auf Fässern, Beuteln oder Packeten der Geldinhalt fälschlich bezeichnet, so ist auf Zuchthaus bis zu zehn Jahren zu erkennen.

Sind mildernde Umstände vorhanden, so tritt Gefängnißstrafe nicht unter sechs Monaten ein.

§ 352.(326) Ein Beamter, Advokat, Anwalt oder sonstiger Rechtsbeistand, welcher Gebühren oder andere Vergütungen für amtliche Verrichtungen zu seinem Vortheile zu erheben hat, wird, wenn er Gebühren oder Vergütungen erhebt, von denen er weiß, daß der Zahlende sie überhaupt nicht oder nur in geringerem Betrage verschuldet, mit Geldstrafe bis zu einhundert Thalern oder mit Gefängniß bis zu einem Jahre bestraft. — § 358.

Der Versuch ist strafbar.

§ 353.(327) Ein Beamter, welcher Steuern, Gebühren oder andere Abgaben für eine öffentliche Kasse zu erheben hat, wird, wenn er Abgaben, von denen er weiß, daß der Zahlende sie überhaupt nicht oder nur in geringerem Betrage verschuldet, erhebt, und das rechtswidrig Erhobene ganz oder zum Theil nicht zur Kasse bringt, mit Gefängniß nicht unter drei Monaten bestraft. — § 358.

Gleiche Strafe trifft den Beamten, welcher bei amtlichen Ausgaben an Geld oder Naturalien dem Empfänger vorsätzlich und rechtswidrig Abzüge macht und die Ausgaben als vollständig geleistet in Rechnung stellt.

§ 354.(328) Ein Postbeamter, welcher die der Post anvertrauten Briefe oder Packete in anderen, als den im Gesetze vorgesehenen Fällen eröffnet oder unterdrückt, oder einem Anderen wissentlich eine solche Handlung gestattet, oder ihm dabei wissentlich Hülfe leistet, wird mit Gefängniß nicht unter drei Monaten bestraft. — § 358.

Das Bund.-Postges. vom 2. Novbr. 1867 § 58 A. 2 bestimmt: „Das Briefgeheimniß ist unverletzlich. Die bei strafgerichtlichen Untersuchungen und in Konkurs- und civilprozessualischen Fällen nothwendigen Ausnahmen sind durch ein Bundesgesetz festzustellen. Bis zu dem Erlaß eines Bundesgesetzes werden jene Ausnahmen durch die Landesgesetze bestimmt."

§ 355. Telegraphenbeamte oder andere mit der Beaufsichtigung und Bedienung einer zu öffentlichen Zwecken dienenden Telegraphen-Anstalt betraute Personen, welche die einer Telegraphen-Anstalt anvertrauten Depeschen verfälschen oder in anderen, als in den im Gesetze vorgesehenen Fällen eröffnen oder unterdrücken, oder von ihrem Inhalte Dritte rechtswidrig benachrichtigen, oder einem Anderen wissentlich eine solche Handlung gestatten oder ihm dabei wissentlich Hülfe leisten, werden mit Gefängniß nicht unter drei Monaten bestraft. — § 358.

§ 356.(329) Ein Advokat, Anwalt oder ein anderer Rechtsbeistand, welcher bei den ihm vermöge seiner amtlichen Eigenschaft anvertrauten Angelegenheit in derselben Rechtssache beiden Parteien durch Rath oder Beistand pflichtwidrig dient, wird mit Gefängniß nicht unter drei Monaten bestraft.

Handelt derselbe im Einverständnisse mit der Gegenpartei zum Nachtheile seiner Partei, so tritt Zuchthausstrafe bis zu fünf Jahren ein.

§ 357.(330) Ein Amtsvorgesetzter, welcher seine Untergebenen zu einer strafbaren Handlung im Amte vorsätzlich verleitet oder zu verleiten unternimmt, oder eine solche strafbare Handlung seiner Untergebenen wissentlich geschehen läßt, hat die auf diese strafbare Handlung angedrohte Strafe verwirkt.

Dieselbe Bestimmung findet auf einen Beamten Anwendung, welchem eine Aufsicht oder Kontrole über die Amtsgeschäfte eines anderen Beamten übertragen ist, sofern die von diesem letzteren Beamten begangene strafbare Handlung die zur Aufsicht oder Kontrole gehörenden Geschäfte betrifft. — § 358.

§ 358. Neben der nach Vorschrift der §§ 331. 339. bis 341. 352. bis 355. und 357. erkannten Gefängnißstrafe kann auf Verlust der Fähigkeit zur Bekleidung öffentlicher

Aemter auf die Dauer von einem bis zu fünf Jahren erkannt werden.

§ 359.(331) Unter Beamten im Sinne dieses Strafgesetzes sind zu verstehen alle im Dienste des Bundes oder in unmittelbarem oder mittelbarem Dienste eines Bundesstaats, auf Lebenszeit, auf Zeit oder nur vorläufig angestellte Personen, ohne Unterschied, ob sie einen Diensteid geleistet haben oder nicht, ingleichen Notare, nicht aber Advokaten und Anwalte.

Wegen der dritten Theilnehmer vgl. § 50. —

Neunundzwanzigster Abschnitt.

Uebertretungen.

§ 360.(340) Mit Geldstrafe bis zu funfzig Thalern oder mit Haft wird bestraft:

1) wer ohne besondere Erlaubniß Risse von Festungen oder einzelnen Festungswerken aufnimmt oder veröffentlicht;

2) wer außerhalb seines Gewerbebetriebes heimlich oder wider das Verbot der Behörde Vorräthe von Waffen oder Schießbedarf aufsammelt;

3) (110) wer als beurlaubter Reservist oder Wehrmann der Land- oder Seewehr ohne Erlaubniß auswandert;

§ 140; Bund.-Ges. betr. die Verpfl. z. Kriegsdienst vom 9. November 1867 § 15. B.-G.-B. S. 135.

4) wer ohne schriftlichen Auftrag einer Behörde Stempel, Siegel, Stiche, Platten oder andere

Formen, welche zur Anfertigung von Metall- oder Papiergeld, oder von solchen Papieren, welche nach § 149. dem Papiergelde gleich geachtet werden, oder von Stempelpapier, öffentlichen Bescheinigungen oder Beglaubigungen dienen können, anfertigt oder an einen Anderen als die Behörde verabfolgt;

5) wer ohne schriftlichen Auftrag einer Behörde den Abdruck der in Nr. 4 genannten Stempel, Siegel, Stiche, Platten oder Formen, oder einen Druck von Formularen zu den daselbst bezeichneten öffentlichen Papieren, Beglaubigungen oder Bescheinigungen unternimmt, oder Abdrücke an einen Anderen, als die Behörde verabfolgt;

6) wer Waaren-Empfehlungskarten, Ankündigungen oder andere Drucksachen oder Abbildungen, welche in der Form oder Verzierung dem Papiergelde oder den dem Papiergelde nach § 149. gleich geachteten Papieren ähnlich sind, anfertigt oder verbreitet, oder wer Stempel, Stiche, Platten oder andere Formen, welche zur Anfertigung von solchen Drucksachen oder Abbildungen dienen können, anfertigt;

7) wer unbefugt die Abbildung von Wappen eines Bundesfürsten zur Bezeichnung von Waaren auf Aushängeschildern oder Etiketten gebraucht;

Pr. Kab.-Ordre v. 16. Oct. 1831. Pr. G. S. S. 247.

8) (105) wer unbefugt eine Uniform, eine Amtskleidung, ein Amtszeichen, einen Orden oder ein Ehrenzeichen trägt oder Titel, Würden oder Adelsprädikate

annimmt, ingleichen wer sich eines ihm nicht zukommenden Namens einem zuständigen Beamten gegenüber bedient;

9) wer gesetzlichen Bestimmungen zuwider ohne Genehmigung der Staatsbehörde Aussteuer-, Sterbe- oder Wittwenkassen, Versicherungsanstalten oder andere dergleichen Gesellschaften oder Anstalten errichtet, welche bestimmt sind, gegen Zahlung eines Einkaufsgeldes oder gegen Leistung von Geldbeiträgen beim Eintritte gewisser Bedingungen oder Fristen, Zahlungen an Kapital oder Rente zu leisten;

10) wer bei Unglücksfällen oder gemeiner Gefahr oder Noth von der Polizei-Behörde oder deren Stellvertreter zur Hülfe aufgefordert, keine Folge leistet, obgleich er der Aufforderung ohne erhebliche eigene Gefahr genügen konnte;

11) wer ungebührlicherweise ruhestörenden Lärm erregt oder wer groben Unfug verübt;

12) (349 No. 6) wer als Pfandleiher bei Ausübung seines Gewerbes den darüber erlassenen Anordnungen zuwiderhandelt;

Bund.-Gew.-Ordn. §§ 38, 35.

13) wer öffentlich oder in Aergerniß erregender Weise Thiere boshaft quält oder roh mißhandelt;

14) wer unbefugt auf einem öffentlichen Wege, einer Straße, einem öffentlichen Platze oder in einem öffentlichen Versammlungsorte Glücksspiele hält.

In den Fällen der Nummern 1, 2, 4, 5, 6 und 14 kann neben der Geldstrafe oder der Haft auf Einziehung der Risse von Festungen oder Festungswerken, der Vorräthe von Waffen oder Schießbedarf, der Stempel, Siegel, Stiche, Platten oder anderen Formen, der Abdrücke oder Abbildungen oder der auf dem Spieltische oder in der Bank befindlichen Gelder erkannt werden, ohne Unterschied, ob sie dem Verurtheilten gehören oder nicht. — §§ 40, 42.

§ 361. Mit Haft wird bestraft:

1) (116) wer, nachdem er unter Polizei-Aufsicht gestellt worden ist, den in Folge derselben ihm auferlegten Beschränkungen zuwiderhandelt;

2) (115) wer, nachdem er des Bundesgebietes oder des Gebietes eines Bundesstaats verwiesen ist, ohne Erlaubniß zurückkehrt;

Vgl. §§ 39 Nr. 2, 284 A. 2, 362 A. 3. — Die Vorschrift Nr. 2 bezieht sich, mit der im § 3 des Bund.-Ges. über die Freizügigkeit v. 1. Novbr. 1867 bestimmten Ausnahme, nur auf Ausländer.

3) (117) wer als Landstreicher umherzieht;

4) (118, 341) wer bettelt oder Kinder zum Betteln anleitet oder ausschickt, oder Personen, welche seiner Gewalt und Aufsicht untergeben sind und zu seiner Hausgenossenschaft gehören, vom Betteln abzuhalten unterläßt;

5) (119 No. 1) wer sich dem Spiel, Trunk oder Müßiggang dergestalt hingibt, daß er in einen Zustand geräth, in welchem zu seinem Unterhalte oder zum Unterhalte derjenigen, zu deren Ernährung er verpflichtet ist, durch Vermittlung der Behörde fremde Hülfe in Anspruch genommen werden muß;

6) (146) eine Weibsperson, welche, polizeilichen Anordnungen zuwider, gewerbsmäßig Unzucht treibt;

7) (119 No. 2) wer, wenn er aus öffentlichen Armenmitteln eine Unterstützung empfängt, sich aus Arbeitsscheu weigert, die ihm von der Behörde angewiesene, seinen Kräften angemessene Arbeit zu verrichten;

8) (119 No. 3) wer nach Verlust seines bisherigen Unterkommens binnen der ihm von der zuständigen Behörde bestimmten Frist sich kein anderweitiges Unterkommen verschafft hat und auch nicht nachweisen kann, daß er solches der von ihm angewandten Bemühungen ungeachtet nicht vermocht habe.

§ 362. (120, 146) Die nach Vorschrift des § 361. No. 3. bis 8. Verurtheilten können zu Arbeiten, welche ihren Fähigkeiten und Verhältnissen angemessen sind, innerhalb und, sofern sie von andern freien Arbeitern getrennt gehalten werden, auch außerhalb der Strafanstalt angehalten werden. — §§ 18, 16.

Bei der Verurtheilung zur Haft kann zugleich erkannt werden, daß die verurtheilte Person nach verbüßter Strafe der Landespolizeibehörde zu überweisen sei. Die Landespolizeibehörde erhält dadurch die Befugniß, die verurtheilte Person entweder bis zu zwei Jahren in ein Arbeitshaus unterzubringen oder zu gemeinnützigen Arbeiten zu verwenden. Im Falle des § 361. No. 4. ist dieses jedoch nur dann zulässig, wenn der Verurtheilte in den letzten drei Jahren wegen dieser Uebertretung mehrmals rechtskräftig verurtheilt worden ist, oder wenn derselbe unter Drohungen oder mit Waffen gebettelt hat.

Ist gegen einen Ausländer auf Ueberweisung an die Landespolizeibehörde erkannt, so kann an Stelle der Unterbringung in ein Arbeitshaus Verweisung aus dem Bundesgebiete eintreten. — § 361 Nr. 2.

Unter Landespolizeibehörde ist die höhere P.-Behörde im Gegensatz zur Lokal-P.-B. zu verstehen. Vgl. auch § 39 No. 2.

363.(254) Wer, um Behörden oder Privatpersonen zum Zwecke seines besseren Fortkommens zu täuschen, Pässe, Militairabschiede, Wanderbücher oder sonstige Legitimationspapiere, Dienst- oder Arbeitsbücher oder sonstige auf Grund besonderer Vorschriften auszustellende Zeugnisse, sowie Führungs- oder Fähigkeitszeugnisse falsch anfertigt oder verfälscht, oder wissentlich von einer solchen falschen oder verfälschten Urkunde Gebrauch macht, wird mit Haft oder mit Geldstrafe bis zu funfzig Thaler bestraft.

Gleiche Strafe trifft denjenigen, welcher zu demselben Zwecke von solchen für einen Anderen ausgestellten echten Urkunden, als ob sie für ihn ausgestellt seien, Gebrauch macht, oder welcher solche für ihn ausgestellte Urkunden einem Anderen zu dem gedachten Zwecke überläßt.

§ 364. Mit Geldstrafe bis zu funfzig Thalern wird bestraft, wer wissentlich schon einmal verwendetes Stempelpapier nach gänzlicher oder theilweiser Entfernung der darauf gesetzten Schriftzeichen oder schon einmal verwendete Stempelmarken, Stempelblankette oder ausgeschnittene oder sonst abgetrennte Stempelabdrücke der im § 276. bezeichneten Art veräußert oder feilhält.

§§ 275, 276; Bund.-Ges. vom 10. Juni 1869 (Wechselstempel) § 23. Auf das Feilhalten von Post- und Telegraphenfreimarken bezieht sich die Vorschrift nicht.

§ 365.(342) Wer in einer Schankstube oder an einem öffentlichen Vergnügungsorte über die gebotene Polizeistunde hinaus verweilt, ungeachtet der Wirth, sein Vertreter oder ein Polizeibeamter ihn zum Fortgehen aufgefordert hat, wird mit Geldstrafe bis zu fünf Thalern bestraft.

Der Wirth, welcher das Verweilen seiner Gäste über die gebotene Polizeistunde hinaus duldet, wird mit Geldstrafe bis zu zwanzig Thalern oder mit Haft bis zu vierzehn Tagen bestraft.

§ 366.(344) Mit Geldstrafe bis zu zwanzig Thalern oder mit Haft bis zu vierzehn Tagen wird bestraft:

1) (340 No. 8) wer den gegen die Störung der Feier der Sonn- und Festtage erlassenen Anordnungen zuwiderhandelt;
2) wer in Städten oder Dörfern übermäßig schnell fährt oder reitet, oder auf öffentlichen Straßen oder Plätzen der Städte oder Dörfer mit gemeiner Gefahr Pferde einfährt oder zureitet;
3) wer auf öffentlichen Wegen, Straßen oder Plätzen das Vorbeifahren Anderer muthwillig verhindert;
4) wer in Städten mit Schlitten ohne feste Deichsel oder ohne Geläute oder Schelle fährt;
5) wer Thiere in Städten oder Dörfern, auf öffentlichen Wegen, Straßen oder Plätzen, oder an anderen Orten, wo sie durch Ausreißen, Schlagen oder auf andere Weise Schaden anrichten können,

mit Vernachlässigung der erforderlichen Sicherheitsmaßregeln stehen läßt oder führt;

6) (346 No. 2) wer Hunde auf Menschen hetzt;

7) (344 No. 5; 346 No. 3) wer Steine oder andere harte Körper oder Unrath auf Menschen, auf Pferde oder andere Zug- oder Lastthiere, gegen fremde Häuser, Gebäude oder Einschließungen, oder in Gärten oder eingeschlossene Räume wirft;

8) wer nach einer öffentlichen Straße oder nach Orten hinaus, wo Menschen zu verkehren pflegen, Sachen, durch deren Umstürzen oder Herabfallen Jemand beschädigt werden kann, ohne gehörige Befestigung aufstellt oder aufhängt, oder Sachen auf eine Weise ausgießt oder auswirft, daß dadurch die Vorübergehenden beschädigt oder verunreinigt werden können;

9) wer auf öffentlichen Wegen, Straßen oder Plätzen Gegenstände, durch welche der freie Verkehr gehindert wird, aufstellt, hinlegt oder liegen läßt;

10) wer die zur Erhaltung der Sicherheit, Bequemlichkeit, Reinlichkeit und Ruhe auf den öffentlichen Wegen, Straßen und Plätzen erlassenen Polizeiverordnungen übertritt.

§ 367.(345) Mit Geldstrafe bis zu funfzig Thalern oder mit Haft wird bestraft:

1) wer ohne Vorwissen der Behörde einen Leichnam beerdigt oder bei Seite schafft, oder wer unbefugt einen Theil einer Leiche aus dem Gewahrsam der dazu berechtigten Personen wegnimmt; — Pr. St. G. B. § 137.

2) wer den polizeilichen Anordnungen über vorzeitige Beerdigungen entgegenhandelt;

3) wer ohne polizeiliche Erlaubniß Gift oder Arzeneien, soweit der Handel mit denselben nicht freigegeben ist, zubereitet, feilhält, verkauft oder sonst an Andere überläßt; — Bund. Gew. Ordn., §§ 6, 29, 34, 147 Nr. 1.

4) wer ohne die vorgeschriebene Erlaubniß Schießpulver oder andere explodirende Stoffe oder Feuerwerke zubereitet; — B. Gew. O. §§ 16, 147 No. 2.

5) wer bei der Aufbewahrung oder bei der Beförderung von Giftwaaren, Schießpulver oder anderen explodirenden Stoffen oder Feuerwerken, oder bei Ausübung der Befugniß zur Zubereitung oder Feilhaltung dieser Gegenstände sowie der Arzeneien die deshalb ergangenen Verordnungen nicht befolgt;

6) (347 No. 5) wer Waaren, Materialien oder andere Vorräthe, welche sich leicht von selbst entzünden oder leicht Feuer fangen, an Orten oder in Behältnissen aufbewahrt, wo ihre Entzündung gefährlich werden kann, oder wer Stoffe, die nicht ohne Gefahr einer Entzündung bei einander liegen können, ohne Absonderung aufbewahrt;

7) wer verfälschte oder verdorbene Getränke oder Eßwaaren, insbesondere trichinenhaltiges Fleisch feilhält oder verkauft;

8) wer ohne polizeiliche Erlaubniß an bewohnten oder von Menschen besuchten Orten Selbstgeschosse, Schlageisen oder Fußangeln legt, oder an solchen

Orten mit Feuergewehr oder anderem Schießwerkzeuge schießt;

9) wer einem gesetzlichen Verbot zuwider Stoß-, Hieb- oder Schußwaffen, welche in Stöcken oder Röhren oder in ähnlicher Weise verborgen sind, feilhält oder mit sich führt;

10) wer bei einer Schlägerei, in welche er nicht ohne sein Verschulden hineingezogen worden ist, oder bei einem Angriff sich einer Schuß-, Stich- oder Hiebwaffe oder eines anderen gefährlichen Instruments bedient; — § 227. —

11) wer ohne polizeiliche Erlaubniß gefährliche wilde Thiere hält, oder wilde oder bösartige Thiere frei umherlaufen läßt, oder in Ansehung ihrer die erforderlichen Vorsichtsmaßregeln zur Verhütung von Beschädigungen unterläßt;

12) wer auf öffentlichen Straßen, Wegen oder Plätzen, auf Höfen, in Häusern und überhaupt an Orten, an welchen Menschen verkehren, Brunnen, Keller, Gruben, Oeffnungen oder Abhänge dergestalt unverdeckt oder unverwahrt läßt, daß daraus Gefahr für Andere entstehen kann;

13) wer trotz der polizeilichen Aufforderung es unterläßt, Gebäude, welche den Einsturz drohen, auszubessern oder niederzureißen;

14) wer Bauten oder Ausbesserungen von Gebäuden, Brunnen, Brücken, Schleusen oder anderen Bauwerken vornimmt, ohne die von der Polizei angeordneten oder sonst erforderlichen Sicherungsmaßregeln zu treffen;

15) wer als Bauherr, Baumeister oder Bauhandwerker einen Bau oder eine Ausbesserung, wozu die polizeiliche Genehmigung erforderlich ist, ohne diese Genehmigung oder mit eigenmächtiger Abweichung von dem durch die Behörde genehmigten Bauplane ausführt oder ausführen läßt.

In den Fällen der Nummern 7 bis 9 kann neben der Geldstrafe oder der Haft auf die Einziehung der verfälschten oder verdorbenen Getränke oder Eßwaaren, ingleichen der Selbstgeschosse, Schlageisen oder Fußangeln, sowie der verbotenen Waffen erkannt werden, ohne Unterschied, ob sie dem Verurtheilten gehören oder nicht. — §§ 40, 42.

§ 368.(347) Mit Geldstrafe bis zu zwanzig Thalern oder mit Haft bis zu vierzehn Tagen wird bestraft:

1) wer den polizeilichen Anordnungen über die Schließung der Weinberge zuwiderhandelt;

2) wer das durch gesetzliche oder polizeiliche Anordnungen gebotene Raupen unterläßt;

3) wer ohne polizeiliche Erlaubniß eine neue Feuerstätte errichtet oder eine bereits vorhandene an einen anderen Ort verlegt;

4) wer es unterläßt, dafür zu sorgen, daß die Feuerstätten in seinem Hause in baulichem und brandsicherem Zustande unterhalten, oder daß die Schornsteine zur rechten Zeit gereinigt werden;

5) wer Scheunen, Ställe, Böden oder andere Räume, welche zur Aufbewahrung feuerfangender Sachen dienen, mit unverwahrtem Feuer oder Licht betritt,

oder sich denselben mit unverwahrtem Feuer oder Licht nähert;

6) wer an gefährlichen Stellen in Wäldern oder Haiden oder in gefährlicher Nähe von Gebäuden oder feuerfangenden Sachen Feuer anzündet;

7) wer in gefährlicher Nähe von Gebäuden oder feuerfangenden Sachen mit Feuergewehr schießt oder Feuerwerke abbrennt;

8) wer die polizeilich vorgeschriebenen Feuerlöschgeräthschaften überhaupt nicht oder nicht in brauchbarem Zustande hält oder andere feuerpolizeiliche Anordnungen nicht befolgt;

9) wer unbefugt über Gärten oder Weinberge, oder vor beendeter Erndte über Wiesen oder bestellte Aecker, oder über solche Aecker, Wiesen, Weiden oder Schonungen, welche mit einer Einfriedigung versehen sind, oder deren Betreten durch Warnungszeichen untersagt ist, oder auf einem durch Warnungszeichen geschlossenen Privatwege geht, fährt, reitet oder Vieh treibt;

10) wer ohne Genehmigung des Jagdberechtigten oder ohne sonstige Befugniß auf einem fremden Jagdgebiete außerhalb des öffentlichen, zum gemeinen Gebrauche bestimmten Weges, wenn auch nicht jagend, doch zur Jagd ausgerüstet, betroffen wird;

11) wer unbefugt Eier oder Junge von jagdbarem Federwild oder von Singvögeln ausnimmt.

Vgl. § 6 des Pr. Ges. über die Schonzeiten des Wildes vom 26. Februar 1870. Pr. G. S. S. 122.

§ 369.(348) Mit Geldstrafe bis zu dreißig Thalern oder mit Haft bis zu vier Wochen werden bestraft:

1) Schlosser, welche ohne obrigkeitliche Anweisung oder ohne Genehmigung des Inhabers einer Wohnung Schlüssel zu Zimmern oder Behältnissen in der letzteren anfertigen oder Schlösser an denselben öffnen, ohne Genehmigung des Hausbesitzers oder seines Stellvertreters einen Hausschlüssel anfertigen, oder ohne Erlaubniß der Polizeibehörde Nachschlüssel oder Dietriche verabfolgen;
2) Gewerbtreibende, bei denen ein zum Gebrauche in ihrem Gewerbe geeignetes, mit dem Stempel eines Norddeutschen Eichungsamtes nicht versehenes Maß oder Gewicht, oder eine unrichtige Waage vorgefunden wird, oder welche sich einer anderen Verletzung der Vorschriften über die Maß- und Gewichts-Polizei schuldig machen;
3) Gewerbtreibende, welche in Feuer arbeiten, wenn sie die Vorschriften nicht befolgen, welche von der Polizeibehörde wegen Anlegung und Verwahrung ihrer Feuerstätten, sowie wegen der Art und der Zeit, sich des Feuers zu bedienen, erlassen sind.

Im Falle der Nr. 2 ist neben der Geldstrafe oder der Haft auf die Einziehung des ungeeichten Maßes und Gewichtes, sowie der unrichtigen Waage zu erkennen. — §§ 40, 42.

§ 370.(349) Mit Geldstrafe bis zu funfzig Thalern oder mit Haft wird bestraft:

1) wer unbefugt ein fremdes Grundstück, einen öffent-

lichen oder Privatweg oder einen Grenzrain durch Abgraben oder Abpflügen verringert;

2) wer unbefugt von öffentlichen oder Privatwegen Erde, Steine oder Rasen, oder aus Grundstücken, welche einem Anderen gehören, Erde, Lehm, Sand, Grand oder Mergel gräbt, Plaggen oder Bülten haut, Rasen, Steine, Mineralien, zu deren Gewinnung es einer Verleihung, einer Konzession oder einer Erlaubniß der Behörde nicht bedarf, oder ähnliche Gegenstände wegnimmt;

3) wer von einem zum Dienststande gehörenden Unteroffizier oder Gemeinen des Heeres oder der Marine ohne die schriftliche Erlaubniß des vorgesetzten Kommandeurs Montirungs- oder Armaturstücke kauft oder zum Pfande nimmt;

4) wer unberechtigt fischt oder krebst; — § 296.

5) wer Nahrungs- oder Genußmittel von unbedeutendem Werthe oder in geringer Menge zum alsbaldigen Verbrauche entwendet.

Eine Entwendung, welche von Verwandten aufsteigender Linie gegen Verwandte absteigender Linie oder von einem Ehegatten gegen den andern begangen worden ist, bleibt straflos;

6) wer Getreide oder andere zur Fütterung des Viehes bestimmte oder geeignete Gegenstände wider Willen des Eigenthümers wegnimmt, um dessen Vieh damit zu füttern.

In den Fällen der Nr. 4, 5 und 6 tritt die Verfolgung nur auf Antrag ein.

Sach=Register.

Die Zahlen bezeichnen die Paragraphen.

A.

B.

C. (s. K.)

D.

E.

F.

G.

H.

J.

K.

L.

M.

N.

O.

P.

Q.

R.

S.

T.

U.

V.

W.

3.

Wilhelm Gronau's Buchdruckerei in Berlin.

Wilhelm Gronau's Buchdruckerei in Berlin.